Schätz mal!

1 In welchem Jahr wurde das erste und einzige Silver Goal der Europameisterschafts-Geschichte geschossen?

2 Wie viele Euro kostet eine Bratwurst in der Allianzarena in München?

3 Wie viele Minuten war die längste Nachspielzeit beim Fußball überhaupt?

4 Welche Geschwindigkeit kann eine La-Ola-Welle im Fußballstadion erreichen?

5 Wie viele Kilometer läuft ein Fußballspieler im Schnitt pro Spiel mindestens?

6 Wie hoch liegt das höchstgelegene Stadion der Welt?

7 Wie alt ist der jüngste deutsche Nationalspieler?

8 In welchem Jahr sprach die FIFA ein Verbot gegen jegliche Formen des Torjubels aus, bei denen Spieler sich küssen?

9 Wie viele Euro verdient Cristiano Ronaldo pro Sekunde?

Name								
Punkte								

Wie geht das »noch mal?

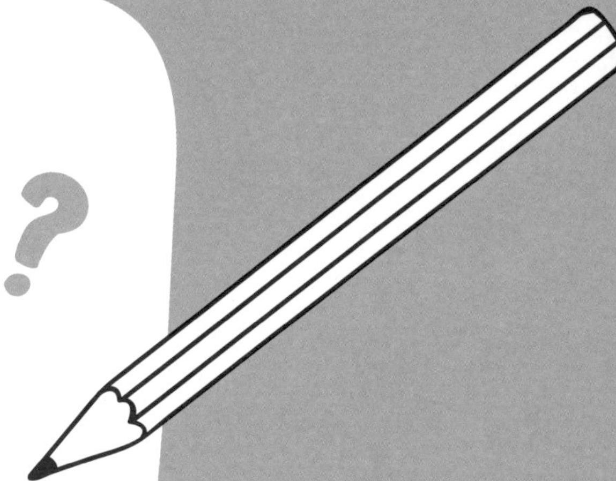

1 **Frage** vorlesen

2 (verdeckt) **antworten**

3 Frage der **Suchmaschine** vorlesen

4 Wer ist am **nächsten** dran?

»» Das braucht ihr

- Einen Stift für jeden Mitspielenden
- Mindestens ein Smartphone mit einer gängigen Suchmaschine, aktivierter Spracheingabe sowie aktiviertem GPS (alternativ ein Tablet oder einen PC/Laptop)

»» So wird gespielt

- Eine Spielrunde entspricht einem Spielbogen. Alternativ legt ihr eine selbst gewählte Spielzeit oder Anzahl an Bögen fest.
- Tragt zunächst die Namen der Spielenden auf dem Spielbogen ein.
- Jede*r bekommt einen Zettel zum geheimen Eintragen der Antworten.
- Der*die größenmäßig Kleinste aus der Runde ist der*die erste Spielleiter*in und liest die erste Frage auf dem Spielbogen vor.
- Alle schreiben ihre geschätzte Antwort verdeckt auf ihren Zettel.
- Nun gibt der*die Spielleiter*in die Frage in die gängige Suchmaschine ein.

Unser Tipp: **Aktiviert und nutzt die Spracheingabe der Suchmaschine auf dem Smartphone und lest die Frage einfach laut vor.**

Achtung: **Um eine eindeutige Antwort zu bekommen, müssen die Fragen 1:1 übernommen werden! Zudem sind die Fragen alle zur Nutzung mit (der Spracheingabe von) Google optimiert.**

- Die von den Mitspielenden geschätzten Antworten auf den Zetteln werden nun mit der korrekten Antwort verglichen.

  ! Es zählt die von der Suchmaschine vorgelesene Antwort bzw. das oberste, sichtbare Suchergebnis.

  ! Es gelten immer die in Europa gängigen Maßeinheiten (z.B. Meter, Gramm & Co.) sowie der Euro als Währungseinheit, solange nichts anderes in der Frage steht.

- Wer am nächsten an der korrekten Antwort dran ist, bekommt einen Punkt. Sind zwei Mitspielende gleichnah an der korrekten Antwort, bekommen beide je einen Punkt.
- Der*die Spielleiter*in notiert die Punkte entsprechend auf dem Spielbogen.

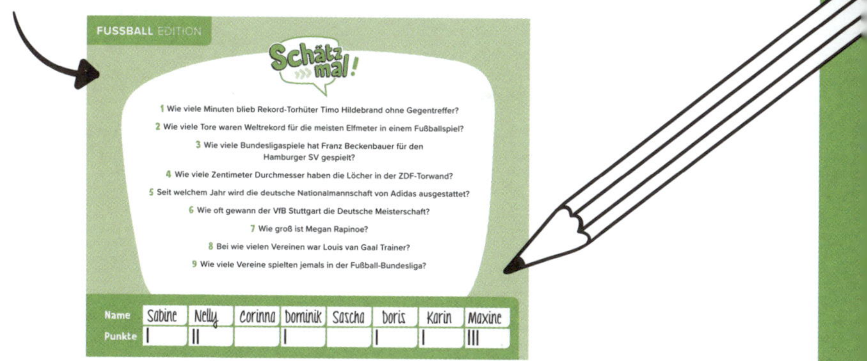

- Bei der nächsten Frage geht die Rolle des*der Spielleiters*in an die Person links von ihm*ihr weiter und die zweite Frage wird gespielt. Und so weiter …

  ! Wer nach der letzten Frage die meisten Punkte gesammelt hat, gewinnt!

»» Was tun, wenn es doch Streit gibt?

- Die Suchmaschine gibt eine Spanne (von ... bis) vor? Der höchste Wert zählt!
- Ihr seht keine Antwort? Verringert die Schriftgröße des Smartphones in den Einstellungen oder scrollt nach unten.
- Ihr seht zwei unterschiedliche Antworten? Die, die am weitesten oben steht, zählt.

»» Was tun, wenn es einfach keine Antwort gibt?

Ihr findet keine Antwort auf eine Frage? Das tut uns leid.

Prüft bitte noch einmal: Habt ihr alles korrekt eingegeben? Hat die Spracheingabe alles richtig übernommen?

Alles stimmt und ihr findet auch nach ein bisschen Scrollen und Suchen keine Antwort?

Wir haben uns allergrößte Mühe gegeben, dass das nicht passiert und alle Fragen mindestens dreimal in größeren zeitlichen Abständen geprüft. Das Internet entwickelt sich jedoch stetig weiter und wir können nicht garantieren, dass in Einzelfällen die Antworten auf alle Fragen zu dem Zeitpunkt, an dem ihr das Spiel spielt, noch auffindbar sind.

Entweder lasst ihr diese Frage dann einfach weg oder ersetzt sie beispielsweise durch eine tagesaktuelle Frage wie „Wie warm ist es gerade in XY?“ und der*die Spielleiter*in setzt einen beliebigen Ort ein.

»» Warum gendern wir bei den Fragen nicht?

Leider findet die Suchmaschine keine oder nur sehr wenige Antworten, wenn man bei den Fragen vom generischen Maskulinum abweicht. So wichtig wir das Gendern finden – unsere **Schätz mal!**-Blöcke müssen leider noch ohne auskommen.

Wir wünschen euch viel »» Spaß!

schaetz_mal

Besucht auch unsere Website:
www.schaetz-mal.de

Schätz mal!

1 Wie viele Sitzplätze muss ein Bundesliga-Stadion mindestens haben?

2 Wie viele Liter Bier passen in den DFB-Pokal?

3 In welchem Jahr schoss Pelé sein 1.000. Tor?

4 Wie viele Anhänger hat die Kirche „Iglesia Maradoniana“ zu Ehren von Diego Maradona?

5 Wie viele Quadratmeter Rollrasen sind in der Allianz-Arena verlegt?

6 Wie groß ist Thomas Müller?

7 Wie viele Deutsche Meisterschaften gewann Klaus Augenthaler?

8 Nach wie vielen Sekunden fiel das schnellste Tor der Fußball-Europameisterschafts-Geschichte?

9 Wie viel Prozent aller Fußbälle werden in Sialkot (Pakistan) hergestellt?

Name								
Punkte								

Wie geht das »noch mal?

1 **Frage** vorlesen

2 (verdeckt) **antworten**

3 Frage der **Suchmaschine** vorlesen

4 Wer ist am **nächsten** dran?

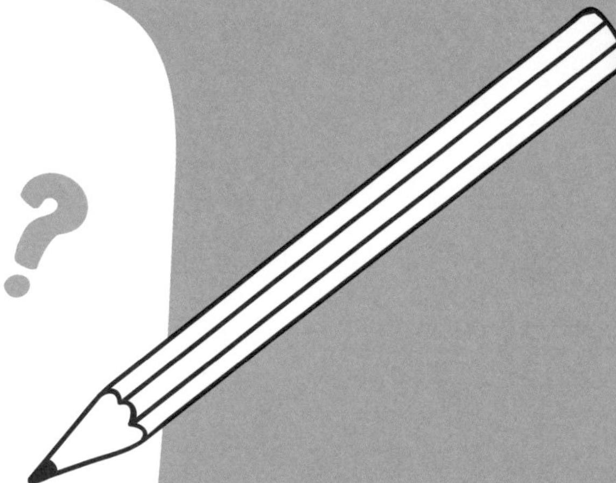

Schätz mal!

1 Wie oft stand Timo Horn für den 1. FC Köln im Tor?

2 Wie viele Minuten dauerte die legendäre Wutrede von Giovanni Trappatoni?

3 Wie viele Fußball-Nationalmannschaften der Männer gibt es weltweit?

4 Wie viele Jahre hat Martina Voss-Tecklenburg in der Frauen-Nationalmannschaft gespielt?

5 Wie viele Profifußballer gibt es in England?

6 Wie viele km/h erreichte der schnellste Torschuss?

7 Wie viele Rote Karten verteilte der Schiedsrichter Damien Rubino 2011 in einem einzigen Spiel?

8 Wie oft wurde Udo Lattek Deutscher Meister?

9 Wie viele italienische Meistertitel hat Juventus Turin bislang gewonnen?

Name								
Punkte								

Wie geht das »noch mal?

1 **Frage** vorlesen

2 (verdeckt) **antworten**

3 Frage der **Suchmaschine** vorlesen

4 Wer ist am **nächsten** dran?

Schätz mal!

1 In welchem Jahr wurde Toni Schumacher als Trainer von Fortuna Köln in der Halbzeitpause gekündigt?

2 Wie viele Kinder hat Felix Magath?

3 Wie oft wurde Zinédine Zidane während seiner Karriere wegen Abseits zurückgepfiffen?

4 Wie viele Zuschauer passen in den Parc de Princes in Frankreich?

5 Wie viele Euro kostet die Jahres-Mitgliedschaft beim HSV für Vollzahler?

6 Wie alt war der älteste Trainer der Fußball-Weltmeisterschafts-Geschichte?

7 Wie oft gewann der Torwart Oliver Kahn den DFB-Pokal?

8 In welchem Jahr wurde das Fußballmagazin „Kicker“ gegründet?

9 Wie viele Fußballvereine in Deutschland haben das Wort „Dynamo“ im Namen?

Name								
Punkte								

Wie geht das »noch mal?

1 **Frage** vorlesen

2 (verdeckt) **antworten**

3 Frage der **Suchmaschine** vorlesen

4 Wer ist am **nächsten** dran?

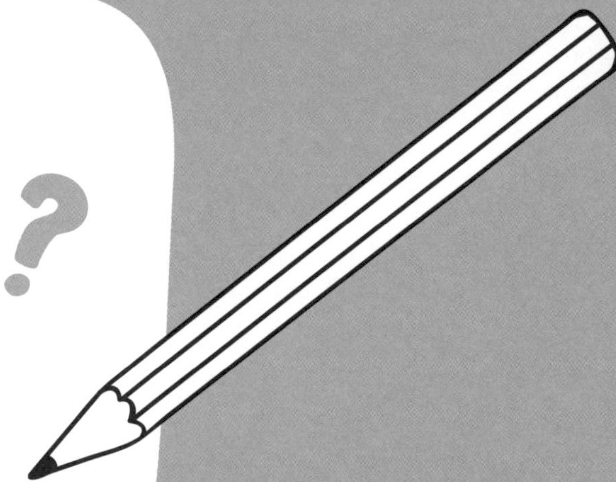

Schätz mal!

1 Wie viele Sterne hat Uruguay auf dem WM-Trikot?

2 Wie alt war Wayne Rooney, als er das erste Mal in einer Erwachsenenmannschaft Fußball spielte?

3 Wie viele km/h erreicht Kylian Mbappé?

4 In welchem Jahr wurde die Gelb-Rote Karte in der Bundeliga eingeführt?

5 Wie viele eigene Fußballmannschaften hat Vatikanstadt?

6 Wie viele Logen gibt es in der Allianz-Arena?

7 Wie viele Döner-Filialen gehören Lukas Podolski?

8 Wie oft wurde Borussia Dortmund Deutscher Meister?

9 Wie viel Prozent aller männlichen Briten hat sexuelle Fantasien, in denen David Beckham vorkommt?

Name								
Punkte								

Wie geht das »noch mal?

1 **Frage** vorlesen

2 (verdeckt) **antworten**

3 Frage der **Suchmaschine** vorlesen

4 Wer ist am **nächsten** dran?

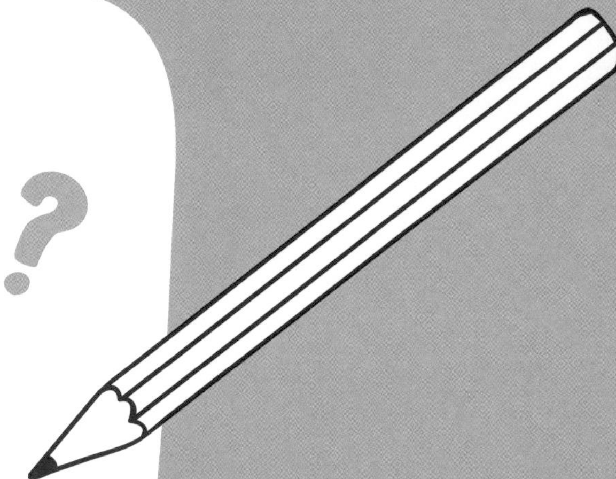

Schätz mal!

1 Wie oft hat Zlatan Ibrahimović die Champions League gewonnen?

2 Wie oft trug Lothar Matthäus bei der Fußball-Nationalmannschaft die Kapitänsbinde?

3 Wie viele Euro verdient der bestbezahlte Fußballer aktuell im Jahr?

4 Wie viele Zuschauer passen ins Grünwalder Stadion in München?

5 In welchem Jahr wurde die Nike-Werbekampagne „The Secret Tournament“ veröffentlicht?

6 Wie viele Platzverweise hat Sergio Ramos bei Real Madrid erhalten?

7 Wie viele Profifußballer gibt es in Schweden?

8 Wie viele Pferde besitzt Thomas Müller?

9 Wie viele Arbeitsstationen gibt es im „Kölner Keller“?

Name								
Punkte								

Wie geht das »noch mal?

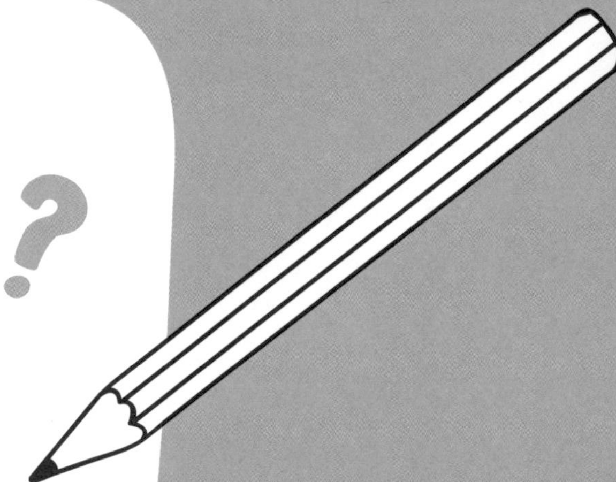

1 **Frage** vorlesen

2 (verdeckt) **antworten**

3 Frage der **Suchmaschine** vorlesen

4 Wer ist am **nächsten** dran?

Schätz mal!

1 In welchem Jahr schoss Berti Vogts das erste Eigentor der deutschen Fußball-Weltmeisterschafts-Geschichte?

2 Auf welchem Platz der „Ewigen Bundesliga-Tabelle“ steht der FC St. Pauli?

3 Wie viele Minuten war die längste Nachspielzeit bei einer Fußball-Weltmeisterschaft?

4 Wie hoch ist das Jahresgehalt von Jürgen Klopp in Euro?

5 Nach wie vielen Sekunden fiel das schnellste Tor bei einer Weltmeisterschaft?

6 Wie viele Euro zahlt man in Deutschland pro Jahr für alle vier Streaming-Abos, wenn man kein Fußballspiel verpassen möchte?

7 Wie viele Zuschauer fasst das Maracanã-Stadion in Brasilien?

8 Wie breit dürfen die Linien auf einem Fußballfeld maximal sein?

9 Wie viele Spieler des FC Turin starben bei dem Flugzeugabsturz 1949?

Name								
Punkte								

Wie geht das »noch mal?

1 **Frage** vorlesen

2 (verdeckt) **antworten**

3 Frage der **Suchmaschine** vorlesen

4 Wer ist am **nächsten** dran?

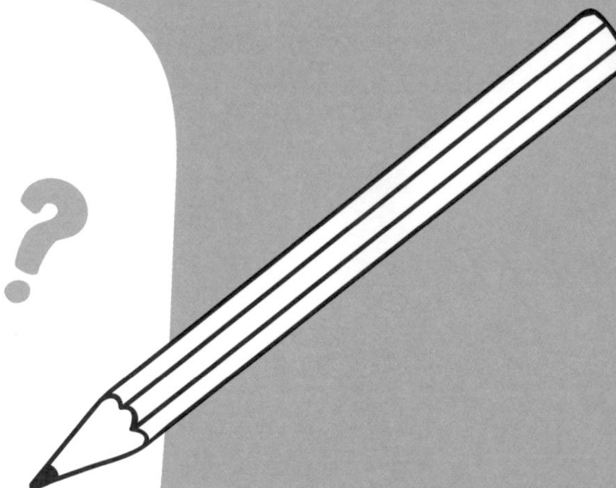

Schätz mal!

1 Wie viele Euro beträgt der Versicherungswert der Meisterschale?

2 Wie viele Teilnehmer an Fußball-Weltmeisterschaften wurden in Gelsenkirchen geboren?

3 Wie hoch darf der Rasen in einem Fußballstadion höchstens sein?

4 Wie viele Euro kostet die teuerste Dauerkarte beim FC Arsenal London?

5 An welchem Datum moderierte die erste Frau „Das Aktuelle Sportstudio“?

6 Wie alt war der älteste Fußballspieler in der Champions League?

7 Wie viele Frauen-Fußballmannschaften gibt es in Thailand?

8 Wie viele Tore schoss der aktuelle Rekordtorschütze für die deutsche Nationalmannschaft?

9 Wie oft wurde Pierluigi Collina Weltschiedsrichter des Jahres?

Name								
Punkte								

Wie geht das »noch mal?

1 **Frage** vorlesen

2 (verdeckt) **antworten**

3 Frage der **Suchmaschine** vorlesen

4 Wer ist am **nächsten** dran?

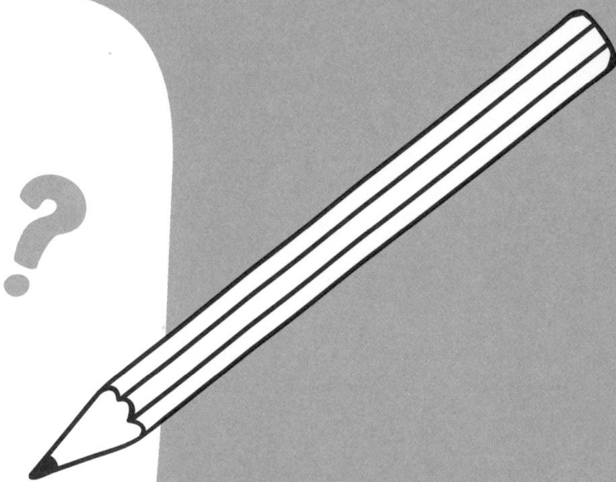

Schätz mal!

1 Seit welchem Jahr gibt es den Videobeweis in der Bundesliga?

2 Wie viele Jahre war Rudi Assauer Manager bei Werder Bremen?

3 Wie viele Euro beträgt die Strafe für einen Flitzer in der Bundesliga?

4 Wie oft spielte Edgar Davids für Ajax Amsterdam?

5 In welchem Jahr gewann die deutsche Fußballnationalmannschaft ihr erstes Länderspiel?

6 Wie viel Gramm wiegt ein Fußball gemäß DFB-Richtlinien bei den Bambinis?

7 Rund wie viel Grad Celsius erreicht ein Bengalisches Feuer?

8 Wie viele Kilogramm wiegt die Bronzestatue von Cristiano Ronaldo, die seit 2014 im Hafen der portugiesischen Stadt Funchal steht?

9 Wie viele Mitgliedsstaaten hat die FIFA?

Name								
Punkte								

Wie geht das »noch mal?

1 **Frage** vorlesen

2 (verdeckt) **antworten**

3 Frage der **Suchmaschine** vorlesen

4 Wer ist am **nächsten** dran?

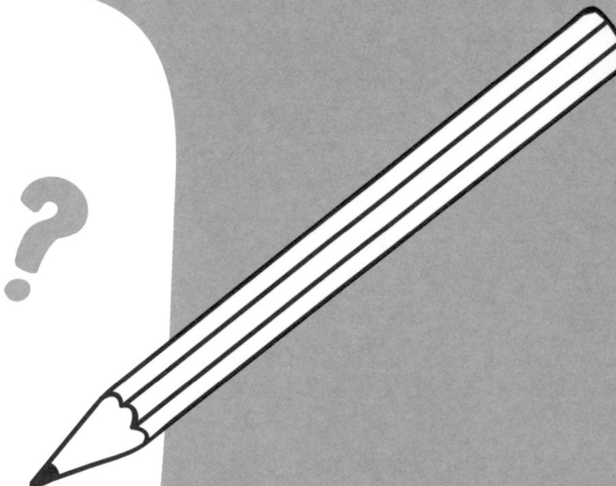

Schätz mal!

1 Seit welchem Jahr ist das Handspiel im Fußball untersagt?

2 Wie viele Euro ist der FC Bayern München wert?

3 Wie viele Toiletten gibt es im Wembley-Stadion?

4 Die meisten Tore in einem Fußball-WM-Qualifikationsspiel schoss der Australier Archie Thompson. Wie oft traf er?

5 Wie viele Stehplätze gibt es im Stadion am Millerntor?

6 Wie alt war Oliver Bierhoff bei seinem ersten Länderspiel?

7 In welchem Jahr wurde das erste Fußballstadion der Welt gebaut?

8 Wie viele Stunden pro Woche arbeitete St. Pauli-Kapitän Fabian Boll nebenbei als Polizist?

9 Seit welchem Jahr wird der „Confed Cup“ ausgetragen?

Name								
Punkte								

Wie geht das noch mal?

1 **Frage** vorlesen

2 (verdeckt) **antworten**

3 Frage der **Suchmaschine** vorlesen

4 Wer ist am **nächsten** dran?

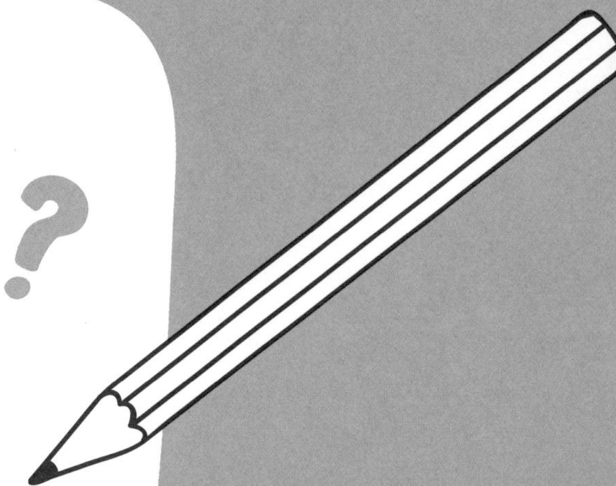

Schätz mal!

1 Wie viele Zuschauer passen in die BayArena?

2 In welchem Jahr wurde der kolumbische Nationalspieler Andrés Escobar erschossen?

3 Wie viele Gelbe Karten hat der Schiedsrichter Deniz Aytekin in der Saison 2022/23 verteilt?

4 In welchem Jahr wurde Fußball eine olympische Disziplin?

5 Wie viele Flaschen Wein produziert Andrea Pirlo jährlich?

6 Wie viel staatliche Rente bekommt der Fußballtrainer Jupp Heynckes pro Monat?

7 Wie alt war der jüngste Trainer der Fußball-Weltmeisterschafts-Geschichte?

8 Wie viele Meter weit war der weiteste Fallrückzieher von Zlatan Ibrahimović?

9 Für wie viele Dollar ließ David Beckham seinen Körper 2006 versichern?

Name								
Punkte								

Wie geht das »noch mal?

1 **Frage** vorlesen

2 (verdeckt) **antworten**

3 Frage der **Suchmaschine** vorlesen

4 Wer ist am **nächsten** dran?

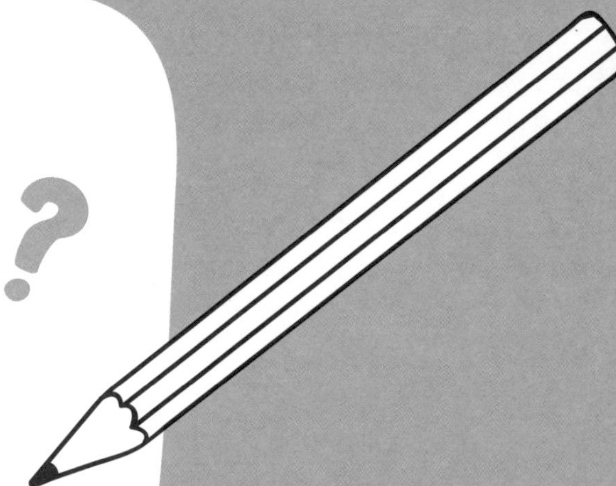

Schätz mal!

1 Wie viele Minuten blieb Rekord-Torhüter Timo Hildebrand ohne Gegentreffer?

2 Wie viele Tore waren Weltrekord für die meisten Elfmeter in einem Fußballspiel?

3 Wie viele Bundesligaspiele hat Franz Beckenbauer für den Hamburger SV gespielt?

4 Wie viele Zentimeter Durchmesser haben die Löcher in der ZDF-Torwand?

5 Seit welchem Jahr wird die deutsche Nationalmannschaft von Adidas ausgestattet?

6 Wie oft gewann der VfB Stuttgart die Deutsche Meisterschaft?

7 Wie groß ist Megan Rapinoe?

8 Bei wie vielen Vereinen war Louis van Gaal Trainer?

9 Wie viele Vereine spielten jemals in der Fußball-Bundesliga?

Name								
Punkte								

Wie geht das »noch mal?

1 **Frage** vorlesen

2 (verdeckt) **antworten**

3 Frage der **Suchmaschine** vorlesen

4 Wer ist am **nächsten** dran?

Schätz mal!

1 Wie hoch muss eine Eckfahne in der Fußball-Bundesliga mindestens sein?

2 Seit welchem Jahr ist Joachim Löw verheiratet?

3 In wie vielen Kontinentalverbänden spielte der Fußballprofi Lutz Pfannstiel Fußball?

4 Wie hoch ist die Anzahl der meisten Roten Karten, die je in einem Fußballspiel verteilt wurden?

5 Wie viele Euro Strafe musste der Fußballer Marco Reus für das Fahren ohne Führerschein bezahlen?

6 Wie viele Mitglieder hat der größte Fußballverein der Welt?

7 Wie viele Euro ist der 1. FC Kaiserslautern wert?

8 Wie oft wurde die Brasilianerin Marta Weltfußballerin des Jahres?

9 Bei wie vielen Weltmeisterschaften kam Thomas Berthold zum Einsatz?

Name								
Punkte								

Wie geht das »noch mal?

1 **Frage** vorlesen

2 (verdeckt) **antworten**

3 Frage der **Suchmaschine** vorlesen

4 Wer ist am **nächsten** dran?

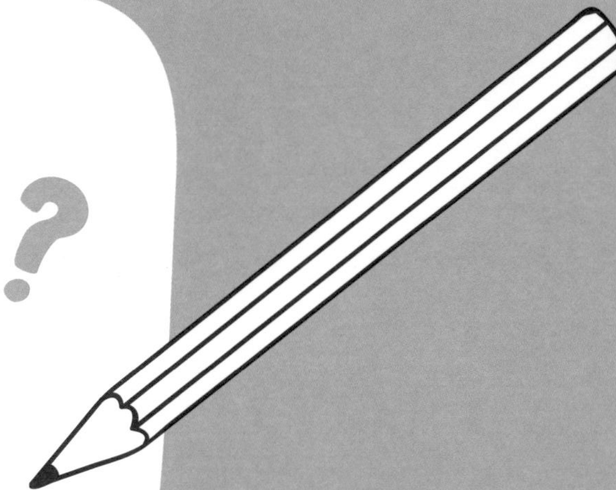

Schätz mal!

1 Seit welchem Jahr hat der 1. FC Köln einen Geißbock als Maskottchen?

2 Wie alt ist die jüngste deutsche Nationalspielerin?

3 Wie viele Punkte hatte der schlechteste Bundesliga-Absteiger?

4 Wie viele Euro verdient ein Schiedsrichter pro Spiel bei einer Fußball-Europameisterschaft?

5 Wie alt war der Fußballer Robert Enke, als er Selbstmord beging?

6 Wie viele Tore hat der Fußballer Lionel Messi in der Saison 2012/2013 geschossen?

7 Wie viele Bundesliga-Vereine haben ein lebendiges Maskottchen?

8 Wie oft ist Andreas Köpke während seiner Fußballkarriere als aktiver Spieler abgestiegen?

9 Wie viele Stunden trainiert Cristiano Ronaldo mindestens pro Tag?

Name								
Punkte								

Wie geht das »» noch mal?

1 **Frage** vorlesen

2 (verdeckt) **antworten**

3 Frage der **Suchmaschine** vorlesen

4 Wer ist am **nächsten** dran?

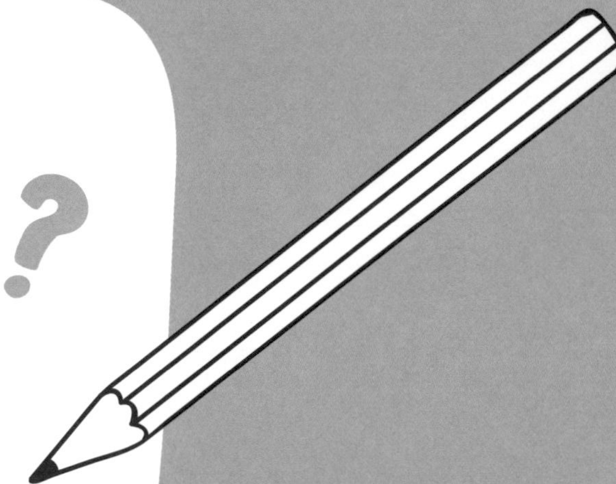

Schätz mal!

1 Wie hoch war die Steuerhinterziehung von Uli Hoeneß in Euro?

2 Wie viele Rote Karten kassierte Gerardo Bedoya in seiner Karriere?

3 In welchem Jahr wurde die UEFA gegründet?

4 Wie viele Zentimeter hoch ist die Trophäe der FIFA Frauen-Weltmeisterschaft?

5 Wie viele Tore hat die deutsche Nationalmannschaft bislang geschossen?

6 Wie viele Fußballer wurden nach einer Schlägerei im bulgarischen Pokalfinale lebenslang gesperrt?

7 Wie oft hat sich Indien für eine Fußball-Weltmeisterschaft qualifiziert?

8 Nach wie vielen Sekunden wurde die schnellste Gelbe Karte in einem Spiel der Bundesligageschichte vergeben?

9 Aus wie vielen rautenförmigen Kissen besteht die Allianz-Arena?

Name								
Punkte								

Wie geht das »noch mal?

1 **Frage** vorlesen

2 (verdeckt) **antworten**

3 Frage der **Suchmaschine** vorlesen

4 Wer ist am **nächsten** dran?

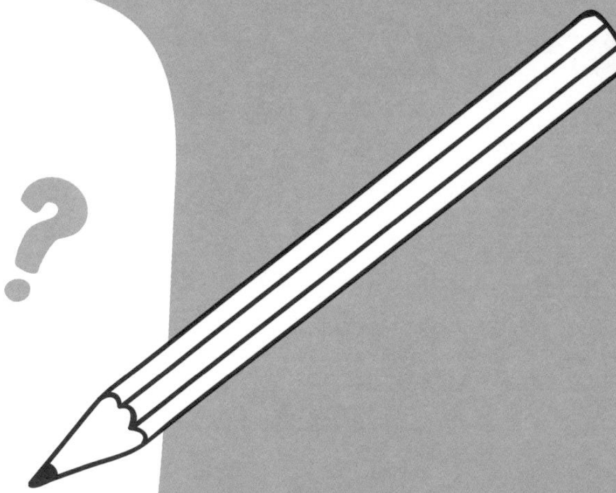

Schätz mal!

1 Wie viele Fußballspieler trafen die Torwand beim Aktuellen Sportstudio 5-Mal?

2 Seit welchem Jahr gibt es das Elfmeterschießen im Fußball?

3 Wie viele Euro kostet eine Bratwurst im Stadion bei Union Berlin?

4 Wie viele Tore hat Haaland in der Bundesliga geschossen?

5 Wie viele Jahre war der Franzose Jules Rimet Präsident des französischen Fußballverbandes?

6 Wie viele Fußballderbys spielten der Hamburger SV und FC Sankt Pauli bislang gegeneinander?

7 Wie viele Kilometer lang ist die Bierpipeline in der Veltins-Arena?

8 Wie viele Frauen-Fußballmannschaften gibt es in Österreich?

9 In welchem Jahr ist Martina Voss-Tecklenburg geboren?

Name								
Punkte								

Wie geht das »»» noch mal?

1 **Frage** vorlesen

2 (verdeckt) **antworten**

3 Frage der **Suchmaschine** vorlesen

4 Wer ist am **nächsten** dran?

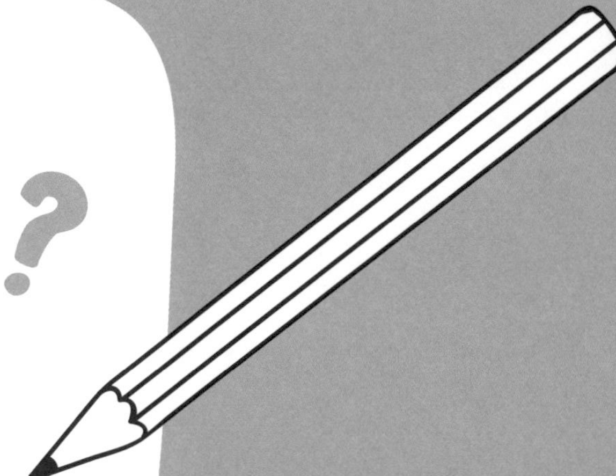

Schätz mal!

1 Wie viele Euro kostet ein Döner bei Lukas Podolski?

2 Wie viele Zwillingspaare gab es bislang in der Bundesliga?

3 Wie viele Liter Bier werden pro Spieltag bei einem Heimspiel von Schalke 04 getrunken?

4 Wie viele Jahre war Guy Roux Fußballtrainer von AJ Auxerre?

5 Wie oft wurde der FC Bayern München Deutscher Meister?

6 Wie viele Euro kostet ein 0,5 Liter Becher Bier im Borussia-Park?

7 Wie viele Stunden dauerte das längste Fußballspiel aller Zeiten?

8 Wie viele Stimmen erhielt der Fußballspieler Cacau bei der Bürgermeisterwahl seiner Heimatstadt?

9 Wie hoch war die höchste Ablösesumme in US-Dollar im Frauenfußball?

Name								
Punkte								

Wie geht das »noch mal?

1 **Frage** vorlesen

2 (verdeckt) **antworten**

3 Frage der **Suchmaschine** vorlesen

4 Wer ist am **nächsten** dran?

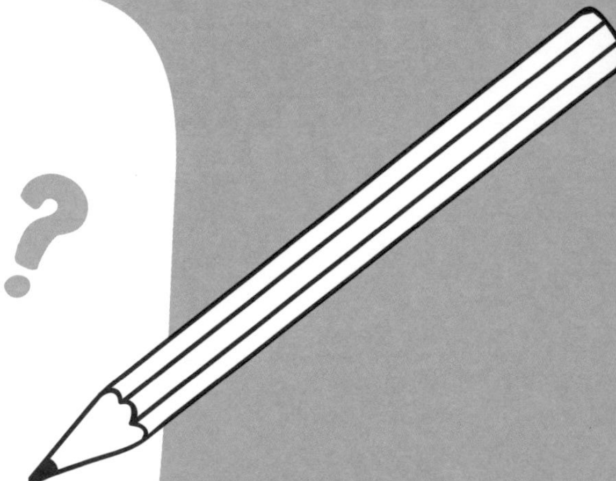

Schätz mal!

1 Wie viele Sterne hat England auf dem WM-Trikot?

2 Wie viele Profifußballer in Deutschland tragen den Vornamen „Tim“?

3 Wie viele Heimspiele hat José Mourinho zwischen 2002 und 2011 mit den Teams seiner Liga verloren?

4 In welchem Jahr wurde Felix Magath zum „Brillenträger des Jahres“ gekürt?

5 Wie oft wurde die Mannschaft der DDR Fußball-Olympiasieger?

6 Wie oft wurde der Brasilianer Ronaldo Weltfußballer des Jahres?

7 Mehr als wie viele Mitglieder hat der Hamburger SV derzeit?

8 Wie viele Minuten brauchte Robert Lewandowski für seine 5 Tore gegen den VFL Wolfsburg?

9 Wie viele Rote Karten kassierte der Bundesliga-Torwart Jens Lehmann?

Name								
Punkte								

Wie geht das noch mal?

1 **Frage** vorlesen

2 (verdeckt) **antworten**

3 Frage der **Suchmaschine** vorlesen

4 Wer ist am **nächsten** dran?

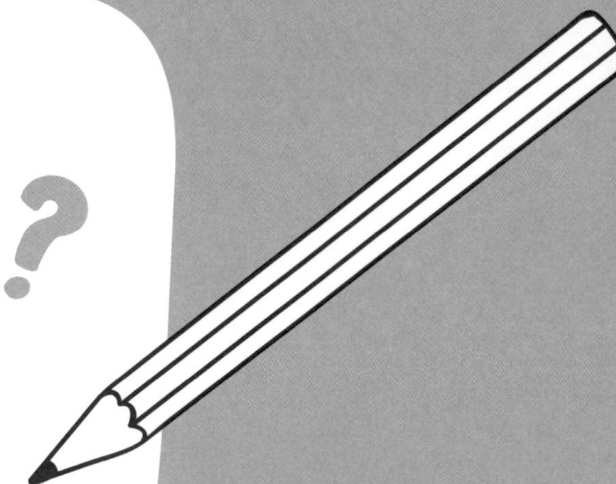

Schätz mal!

1 Wie oft sah Stefan Effenberg die Gelbe Karte?

2 Wie groß ist die Bronzestatue von Cristiano Ronaldo, die seit 2014 im Hafen der portugiesischen Stadt Funchal steht?

3 In welchem Jahr foulte Zinédine Zidane Marco Materazzi mit einem Kopfstoß?

4 Wie alt war der jüngste Fußballspieler in der Champions League?

5 In der wievielten Saison fiel die schnellste Rote Karte einer Bundesligasaison?

6 Wie viele Tore schoss Rudi Völler in der Saison 1981/1982 für den Zweitligisten 1860 München?

7 Seit welchem Jahr findet das Finale des DFB-Pokals in Berlin statt?

8 Wie viele Euro kostet die günstigste Dauerkarte beim FC Arsenal London?

9 Wie viele Regeln gibt es laut dem offiziellen FIFA-Regelbuch?

Name								
Punkte								

Wie geht das »noch mal?

1 **Frage** vorlesen

2 (verdeckt) **antworten**

3 Frage der **Suchmaschine** vorlesen

4 Wer ist am **nächsten** dran?

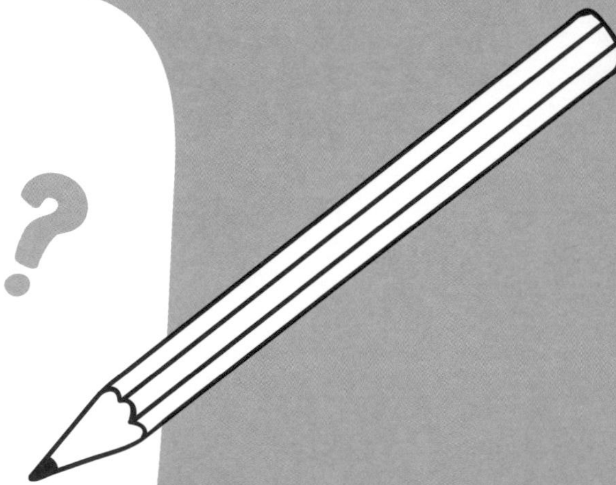

Schätz mal!

1. Wie viele Einsätze hatte Lothar Matthäus bei Fußball-Weltmeisterschaften als Spieler?
2. In welchem Jahr wurde Deutschlands ältester Fußballverein gegründet?
3. Wie hoch ist das Jahres-Grundgehalt der Schiedsrichter in der Serie A in Euro?
4. Wie viele Tore hat Spanien im Finale der Fußball-WM 2012 gegen Italien geschossen?
5. Wie alt war Dino Zoff, als er Fußball-Weltmeister wurde?
6. Wie oft ist der 1. FC Köln bereits in die Bundesliga aufgestiegen?
7. Wie viele Tore hat Rudi Völler an der ZDF-Torwand geschossen?
8. Mit wie vielen Jahren schoss der Brasilianer Romario sein tausendstes Tor?
9. Wie viele weiße Felder hat ein Fußball?

Name								
Punkte								

Wie geht das noch mal?

1 **Frage** vorlesen

2 (verdeckt) **antworten**

3 Frage der **Suchmaschine** vorlesen

4 Wer ist am **nächsten** dran?

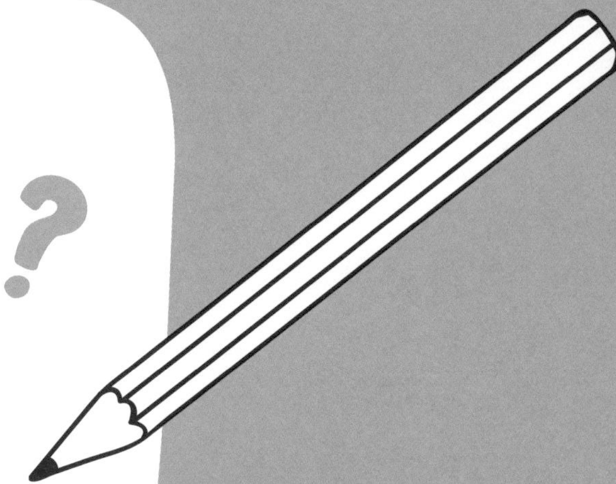

Schätz mal!

1 Wie viele Tore schoss der aktuelle Rekordtorschütze für die argentinische Nationalmannschaft?

2 Wie viele Jahre war Bodo Illgner deutscher Nationaltorwart?

3 Wie oft hat der AS Rom die italienische Meisterschaft gewonnen?

4 Wie groß ist Thomas Häßler?

5 Wie viele Bundesligaspiele pfiff der Schiedsrichter Dr. Markus Merk?

6 Wie viele Vornamen hat David Beckham?

7 Wie viele Hattricks gab es bereits in der Fußball-Bundesliga?

8 Für wie viele Spiele stand Sepp Maier im Tor des FC Bayern München?

9 Wie viele Zuschauer passen in das größte Stadion der Welt?

Name								
Punkte								

Wie geht das »» noch mal?

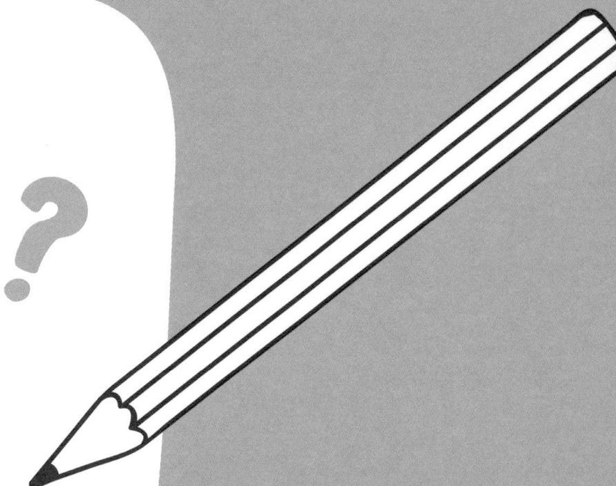

1 **Frage** vorlesen

2 (verdeckt) **antworten**

3 Frage der **Suchmaschine** vorlesen

4 Wer ist am **nächsten** dran?

Schätz mal!

1 Wie viele Bundesländer haben noch nie einen Bundesligaverein gestellt?

2 Wie oft gewann Deutschland die Fußball-Weltmeisterschaft?

3 Wie viele Euro ist der Fußballverein Manchester United wert?

4 In welchem Jahr wurde die offizielle Fußballmannschaft FC Bundestag gegründet?

5 Wie lang ist die Torlinie bei einem Fußballfeld laut DFB?

6 Wie viele Tore erzielte Rudi Assauer für Borussia Dortmund?

7 Wie viele Tore waren Weltrekord für die meisten Eigentore in einem Fußballspiel?

8 Wie oft wurde Gerd Müller Torschützenkönig der Bundesliga?

9 Wie viele Zuschauer kamen zum Fußball-Weltmeisterschaftsfinale zwischen Brasilien und Uruguay 1950?

Name								
Punkte								

Wie geht das »noch mal?

1 **Frage** vorlesen

2 (verdeckt) **antworten**

3 Frage der **Suchmaschine** vorlesen

4 Wer ist am **nächsten** dran?

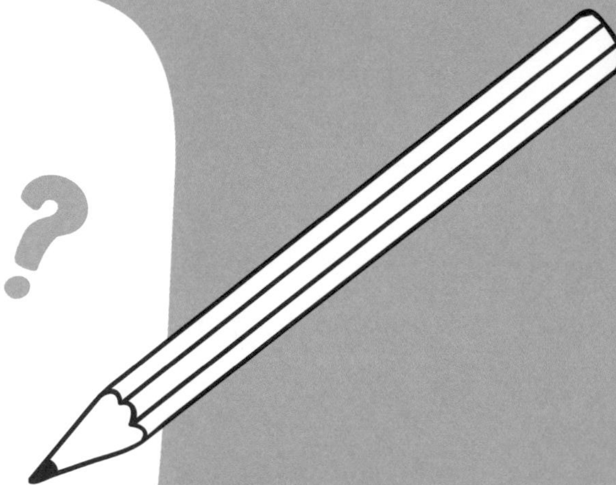

Schätz mal!

1 Wie oft schied das Gastgeberland bei einer Fußball-Weltmeisterschaft schon in der Vorrunde aus?

2 Wie groß ist der größte Fußballprofi aller Zeiten?

3 Wie viele Meter flog der längste Torschuss in der Geschichte des Fußballs?

4 Wie viele Euro kostet die Stehplatzdauerkarte ohne Ermäßigung beim 1. FC Köln?

5 Wie breit ist ein Fußballtor laut DFB?

6 Wie oft war Lothar Matthäus verheiratet?

7 Seit welchem Jahr gilt auch bei den Frauen die Spielzeit von zweimal 45 Minuten?

8 Wie viele Frauen-Fußballmannschaften gibt es in den USA?

9 Wie viele Sterne hat Argentinien auf dem WM-Trikot?

Name								
Punkte								

Wie geht das »noch mal?

1 **Frage** vorlesen

2 (verdeckt) **antworten**

3 Frage der **Suchmaschine** vorlesen

4 Wer ist am **nächsten** dran?

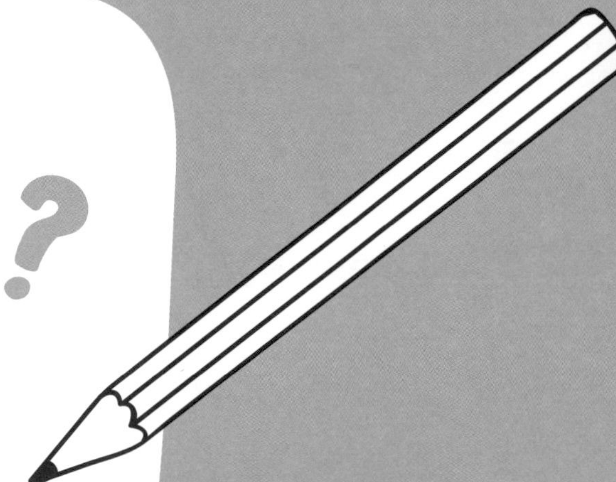

Schätz mal!

1 In welchem Jahr wurden die FIFA-Fußballregeln aufgestellt?

2 Wie viele Profifußballer gibt es in Deutschland?

3 Wie viele Jahre spielte Fritz Walter für den 1. FC Kaiserslautern?

4 Wie viele Gegentore kassierte der FC Bayern München in der Bundesliga-Saison 2007/08?

5 Wie viele Tore schoss Andreas Müller für die Fußballnationalmannschaft?

6 Wie viele Gelbe Karten hat Steffen Baumgart als Trainer vom 1. FC Köln erhalten?

7 Wie viele Elfmeter hat Lionel Messi in seinem Leben verschossen?

8 Wie oft gewann Uruguay das olympische Fußballturnier?

9 Wie viele Fußballspieler nahmen an der Werbung The Secret Tournament teil?

Name								
Punkte								

Wie geht das »noch mal?

1 **Frage** vorlesen

2 (verdeckt) **antworten**

3 Frage der **Suchmaschine** vorlesen

4 Wer ist am **nächsten** dran?

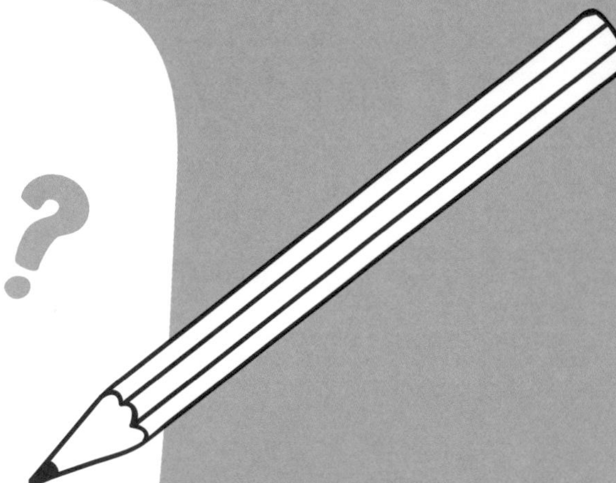

Schätz mal!

1 Wie viele Spiele absolvierte Franck Ribéry für den FC Bayern?

2 Wie viele schwarze Felder hat ein Fußball?

3 Wie viele Tage dauerte die längste Amtszeit eines Trainers im deutschen Profifußball?

4 Wie viele Euro Jahres-Grundgehalt erhalten deutsche Erstliga-Schiedsrichter?

5 Seit welchem Jahr ist Frauenfußball in Deutschland erlaubt?

6 Wie viele Geißböcke waren bislang das Maskottchen des 1. FC Köln?

7 Wie viele Toiletten hat ein Stadion der 1. Bundesliga im Durchschnitt?

8 Seit welchem Jahr trug Edgar Davids eine Sonnenbrille wegen einer Augenoperation?

9 Wie viele Spieler hat eine Fußballmannschaft?

Name								
Punkte								

Wie geht das »noch mal?

1 **Frage** vorlesen

2 (verdeckt) **antworten**

3 Frage der **Suchmaschine** vorlesen

4 Wer ist am **nächsten** dran?

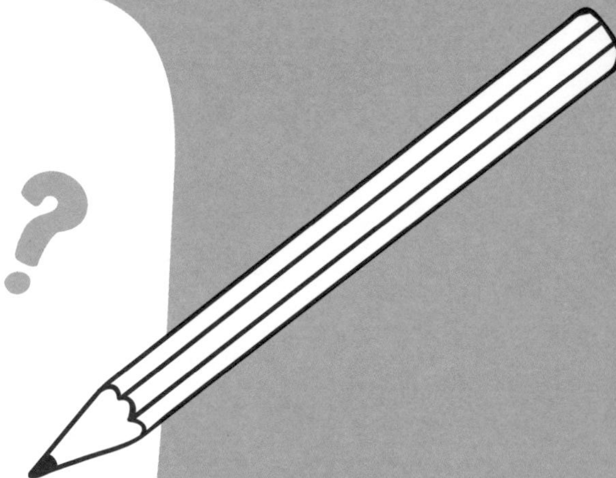

Schätz mal!

1 In welchem Jahr war der Skandal um Fußball-Schiedsrichter Robert Hoyzer?

2 Wie viele Elfmeter wurden beim bislang längsten Elfmeterschießen in der Geschichte des Fußballs geschossen?

3 Wie viele Jahre war Jürgen Klinsmann Fußball-Nationaltrainer der USA?

4 In welchem Jahr wurde Frauenfußball eine olympische Disziplin?

5 Wie oft spielte Olaf Thon für die deutsche Nationalmannschaft?

6 Wie viele Tore schoss der aktuelle Rekordtorschütze für die englische Nationalmannschaft?

7 Wie oft ist der 1. FC Köln in die zweite Bundesliga abgestiegen?

8 Wie viele englische Trainer haben die Premier League gewonnen?

9 Wie viele Euro soll Lionel Messi beim FC Barcelona im Jahr verdient haben?

Name								
Punkte								

Wie geht das »noch mal?

1 **Frage** vorlesen

2 (verdeckt) **antworten**

3 Frage der **Suchmaschine** vorlesen

4 Wer ist am **nächsten** dran?

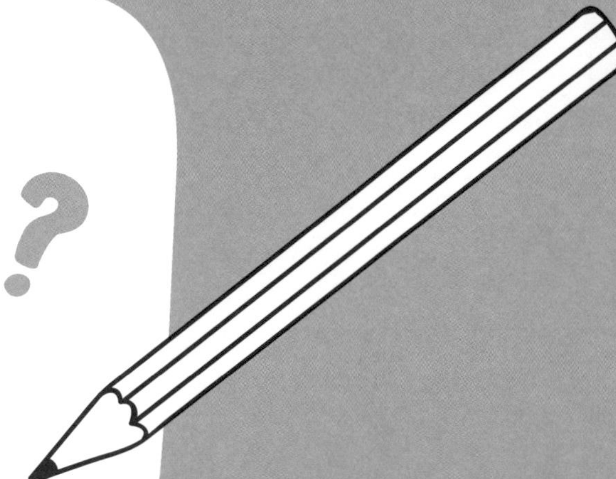

Schätz mal!

1 Wie viele Euro kostet eine Nacht mindestens im Hotel von Cristiano Ronaldo in New York?

2 Wie viele Tore hat der erfolgreichste Torwart der Welt geschossen?

3 In welchem Jahr wurde Arjen Robben geboren?

4 Wie viele Mannschaften spielen im olympischen Fußballturnier der Männer?

5 Wie viele Tage war Robert Körner Trainer vom 1. FC Nürnberg?

6 Wie viele Zuschauer passen ins Millerntor?

7 Wie viele Elfmeter hat Wayne Rooney in seinem Leben verwandelt?

8 Wie viele Bundesliga-Tore hat Franz Beckenbauer für den FC Bayern München geschossen?

9 Auf wie viele Euro wird der materielle Wert des DFB-Pokals geschätzt?

Name								
Punkte								

Wie geht das »» noch mal?

1 **Frage** vorlesen

2 (verdeckt) **antworten**

3 Frage der **Suchmaschine** vorlesen

4 Wer ist am **nächsten** dran?

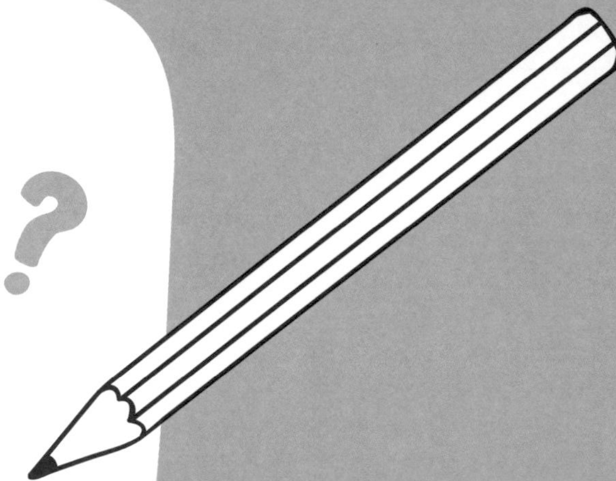

Schätz mal!

1 Welches Jahres-Durchschnittsgehalt erhalten Spielerinnen der Frauen-Nationalmannschaft pro Jahr?

2 Wie viele Mannschaften sind in der ersten chinesischen Fußball-Liga?

3 Wie oft ist Eintracht Frankfurt in der Bundesliga abgestiegen?

4 Wie alt war Luis Figo als er seine Profifußball-Karriere beendete?

5 Wie viele Jahre war Pep Guardiola Trainer beim FC Barcelona?

6 Wie alt war der jüngste Spieler einer Nationalmannschaft?

7 Wie oft wurde der Fußballprofi Gerald Asamoah in der Bundesliga vorzeitig vom Platz gestellt?

8 Wie hoch ist ein Fußballtor laut DFB?

9 Seit welchem Jahr wird die deutsche Meisterschale vergeben?

Name								
Punkte								

Wie geht das »» noch mal?

1 **Frage** vorlesen

2 (verdeckt) **antworten**

3 Frage der **Suchmaschine** vorlesen

4 Wer ist am **nächsten** dran?

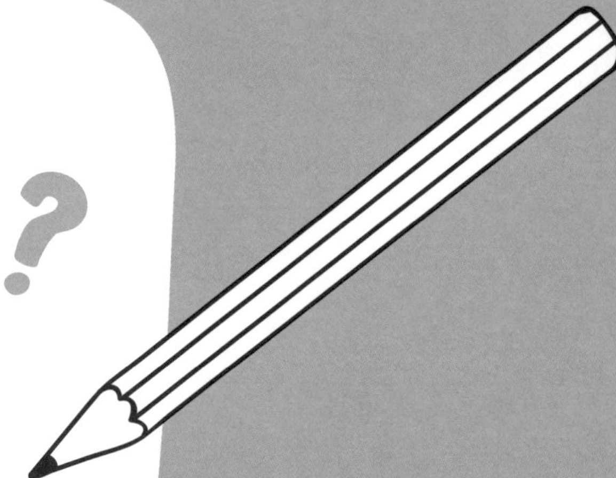

Schätz mal!

1 Wie viele Fußballderbys spielten der 1. FC Köln und Borussia Mönchengladbach bislang gegeneinander?

2 Wie viele Jahre war der Franzose Jules Rimet FIFA-Präsident?

3 Wie alt ist der jüngste Profifußballer unter Vertrag in den USA?

4 Wie oft war Jürgen Klinsmann Torschütze des Monats?

5 Wie alt war der Brasilianer Ronaldo, als er zum ersten Mal Weltfußballer des Jahres wurde?

6 Wie oft wurde „Gigi“ Buffon Welttorhüter des Jahres?

7 In welchem Jahr wurde Sepp Herberger geboren?

8 Wie oft wurde Ottmar Hitzfeld Deutscher Meister?

9 Wie viele Zuschauer passen ins Hamburger Volksparkstadion?

Name								
Punkte								

Wie geht das »» noch mal?

1 **Frage** vorlesen

2 (verdeckt) **antworten**

3 Frage der **Suchmaschine** vorlesen

4 Wer ist am **nächsten** dran?

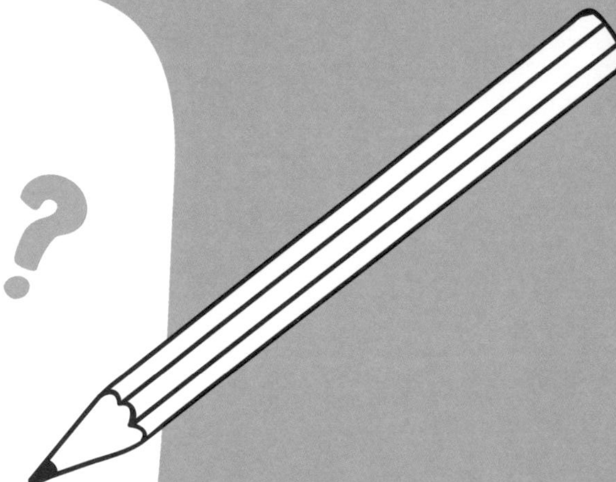

Schätz mal!

1 Wie viele Fußball-Schiedsrichter und -Schiedsrichterinnen gibt es in Deutschland?

2 Wie viele Tore schoss Gerd Müller in der Bundesligasaison 1971/72?

3 In welchem Jahr wurde Franz Beckenbauer geboren?

4 Wie viele Jahre spielte Birgit Prinz für die deutsche Frauen-Nationalmannschaft?

5 Wie viele Spiele absolvierte Pierre Littbarski für den 1. FC Köln?

6 Wie alt war der jüngste Spieler, der bei einer Fußball-Europameisterschaft ein Tor erzielte?

7 An welchem Datum wurde die La-Ola-Welle erfunden?

8 Wie viele Euro verdient ein Schiedsrichter bei einer Fußball-Weltmeisterschaft?

9 In welchem Jahr schoss der Fußballer Klaus Fischer das Tor des Jahrhunderts per Fallrückzieher zum 4:1 der deutschen Nationalmannschaft gegen die Schweiz?

Name								
Punkte								

Wie geht das »»noch mal?

1 **Frage** vorlesen

2 (verdeckt) **antworten**

3 Frage der **Suchmaschine** vorlesen

4 Wer ist am **nächsten** dran?

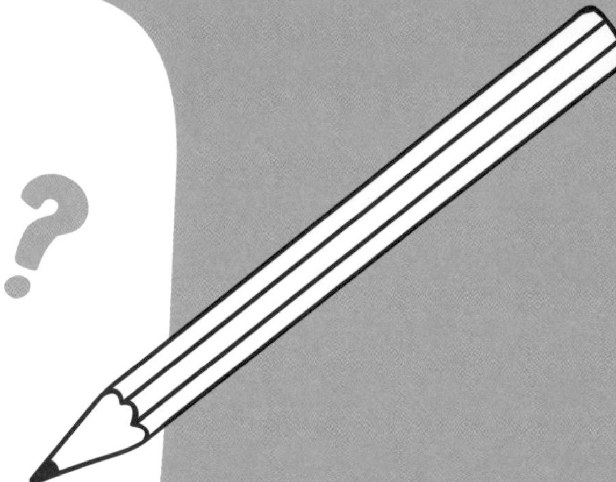

Schätz mal!

1 Wie oft hat Norwegen ein Spiel gegen Brasilien verloren?

2 In welchem Jahr wurde Uli Hoeneß jüngster Manager eines deutschen Bundesliga-Clubs?

3 In welchem Jahr fiel das erste Golden Goal?

4 Wie oft war der 1. FC Köln Deutscher Meister?

5 Wie viele Jahre hat Luis Figo im Profifußball gespielt?

6 Für wie viele Euro wurde das Trikot von Pelé von der Weltmeisterschaft 1970 versteigert?

7 Wie viele Jahre war Otto Rehagel Trainer der griechischen Nationalmannschaft?

8 Wie viele Tore erzielte Gerd Müller in 427 Bundesligaspielen?

9 Wie viele Jahre hat Arjen Robben beim FC Bayern gespielt?

Name								
Punkte								

Wie geht das noch mal?

1 **Frage** vorlesen

2 (verdeckt) **antworten**

3 Frage der **Suchmaschine** vorlesen

4 Wer ist am **nächsten** dran?

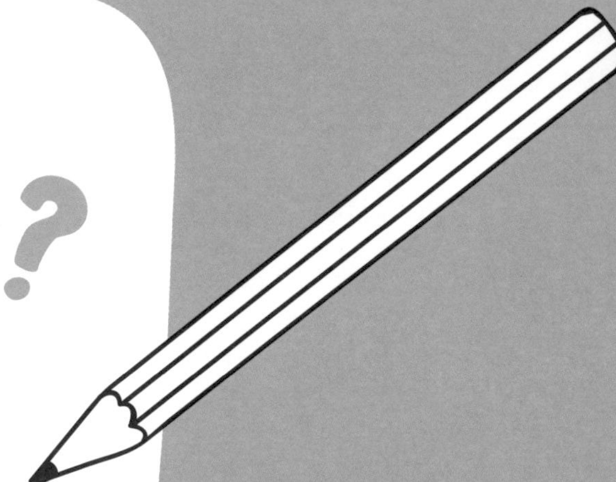

Schätz mal!

1 In welchem Jahr wurde Ajax Amsterdam gegründet?

2 Seit welchem Jahr ist Pierluigi Collina Chef der UEFA-Schiedsrichterkommission?

3 Wie viele Bundesliga-Spiele hat Otto Rehagel für den 1. FC Kaiserslautern absolviert?

4 In welchem Jahr wurde das erste Tor per Fallrückzieher erzielt?

5 Wie oft war Lukas Podolski Torschütze des Monats, als er für den 1. FC Köln spielte?

6 Wie alt war der älteste Spieler, der bei einer Fußball-Europameisterschaft ein Tor erzielte?

7 Wie viele Jahre spielte Karl-Heinz Rummenigge für Servette Genf?

8 In welchem Jahr bestritt Gerd Müller sein erstes Bundesligaspiel?

9 Wie oft hat Lothar Matthäus für die Nationalelf gespielt?

Name								
Punkte								

Wie geht das »noch mal?

1 **Frage** vorlesen

2 (verdeckt) **antworten**

3 Frage der **Suchmaschine** vorlesen

4 Wer ist am **nächsten** dran?

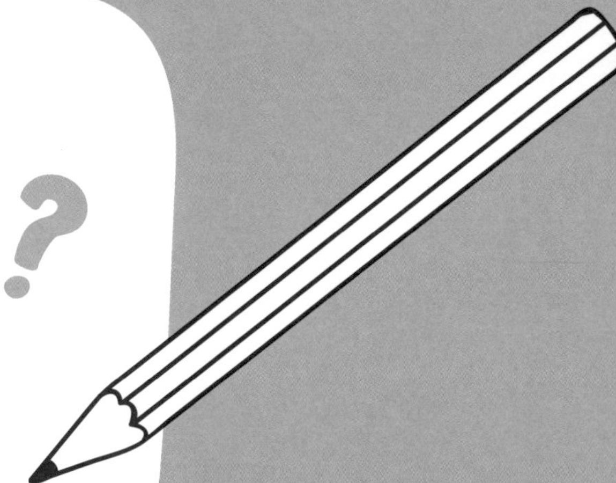

Schätz mal!

1 Wie alt ist der älteste Profi-Fußballspieler?

2 In welchem Jahr gewann die DDR-Mannschaft 1. FC Magdeburg den Europapokal im Fußball?

3 Wie viele Jahre war Bibiana Steinhaus Schiedsrichterin?

4 Wie viele Tonnen Würstchen produziert die Würstchenfabrik von Uli Hoeneß durchschnittlich pro Tag?

5 Wie viele Jahre spielte Pep Guardiola für den FC Barcelona?

6 Wie viele Tore schoss Andy Brehme in der Bundesliga?

7 In welchem Jahr ist Steffen Baumgart geboren?

8 Wie viele Jahre war Holger Stanislawski Trainer bei FC St. Pauli?

9 Wie oft hat Paul Breitner den DFB-Pokal gewonnen?

Name								
Punkte								

Wie geht das »noch mal?

1 **Frage** vorlesen

2 (verdeckt) **antworten**

3 Frage der **Suchmaschine** vorlesen

4 Wer ist am **nächsten** dran?

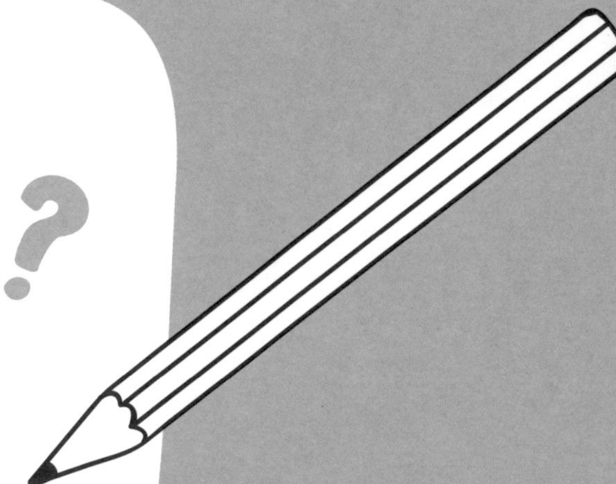

Schätz mal!

1 Wie viele Mitglieder hatte der 1. FC Köln 2023?

2 Wie viele Jahre war Sepp Herberger Trainer der deutschen Fußballnationalmannschaft?

3 Wie oft gewann Deutschland die Fußball-Europameisterschaft?

4 In welchem Jahr gab es die erste Gelbe Karte?

5 In welchem Jahr kam der Fußballfilm „Das Wunder von Bern“ in die Kinos?

6 Wie viele Kinder hat der Fußballer Nikolas Höfler?

7 Wie viele Fußballderbys spielten Schalke 04 und Borussia Dortmund bislang gegeneinander?

8 Wie viele Follower hat Cristiano Ronaldo auf Instagram?

9 In welchem Jahr wurde Helmut Rahn geboren?

Name								
Punkte								

Wie geht das noch mal?
1 Frage vorlesen
2 (verdeckt) antworten
3 Frage der Suchmaschine vorlesen
4 Wer ist am nächsten dran?

Name:

1 ____________ 6 ____________

2 ____________ 7 ____________

3 ____________ 8 ____________

4 ____________ 9 ________

5 ____________

Name:

1 ____________ 6 ____________

2 ____________ 7 ____________

3 ____________ 8 ____________

4 ____________ 9 ________

5 ____________

Name:

1 ____________ 6 ____________

2 ____________ 7 ____________

3 ____________ 8 ____________

4 ____________ 9 ________

5 ____________

Name:

1 ____________ 6 ____________

2 ____________ 7 ____________

3 ____________ 8 ____________

4 ____________ 9 ________

5 ____________

Name:

1 ____________ 6 ____________

2 ____________ 7 ____________

3 ____________ 8 ____________

4 ____________ 9 ________

5 ____________

Name:

1 ____________ 6 ____________

2 ____________ 7 ____________

3 ____________ 8 ____________

4 ____________ 9 ________

5 ____________

Name:

1 ____________ 6 ____________

2 ____________ 7 ____________

3 ____________ 8 ____________

4 ____________ 9 ________

5 ____________

Name:

1 ____________ 6 ____________

2 ____________ 7 ____________

3 ____________ 8 ____________

4 ____________ 9 ________

5 ____________

Name:

1 ____________ 6 ____________

2 ____________ 7 ____________

3 ____________ 8 ____________

4 ____________ 9 ________

5 ____________

Name:

1 ____________ 6 ____________

2 ____________ 7 ____________

3 ____________ 8 ____________

4 ____________ 9 ________

5 ____________

Name:

1 ____________ 6 ____________

2 ____________ 7 ____________

3 ____________ 8 ____________

4 ____________ 9 ________

5 ____________

Name:

1 ____________ 6 ____________

2 ____________ 7 ____________

3 ____________ 8 ____________

4 ____________ 9 ________

5 ____________

Name:

1 ____________
2 ____________
3 ____________
4 ____________
5 ____________
6 ____________
7 ____________
8 ____________
9 ________

Name:

1 ____________
2 ____________
3 ____________
4 ____________
5 ____________
6 ____________
7 ____________
8 ____________
9 ________

Name:

1 ____________
2 ____________
3 ____________
4 ____________
5 ____________
6 ____________
7 ____________
8 ____________
9 ________

Name:

1 ____________
2 ____________
3 ____________
4 ____________
5 ____________
6 ____________
7 ____________
8 ____________
9 ________

Name:

1 ____________
2 ____________
3 ____________
4 ____________
5 ____________
6 ____________
7 ____________
8 ____________
9 ________

Name:

1 ____________
2 ____________
3 ____________
4 ____________
5 ____________
6 ____________
7 ____________
8 ____________
9 ________

Name:

1 ____________
2 ____________
3 ____________
4 ____________
5 ____________
6 ____________
7 ____________
8 ____________
9 ________

Name:

1 ____________
2 ____________
3 ____________
4 ____________
5 ____________
6 ____________
7 ____________
8 ____________
9 ________

Name:

1 ____________
2 ____________
3 ____________
4 ____________
5 ____________
6 ____________
7 ____________
8 ____________
9 ________

Name:

1 ____________
2 ____________
3 ____________
4 ____________
5 ____________
6 ____________
7 ____________
8 ____________
9 ________

Name:

1 ____________
2 ____________
3 ____________
4 ____________
5 ____________
6 ____________
7 ____________
8 ____________
9 ________

Name:

1 ____________
2 ____________
3 ____________
4 ____________
5 ____________
6 ____________
7 ____________
8 ____________
9 ________

Name:

1 ______ 6 ______
2 ______ 7 ______
3 ______ 8 ______
4 ______ 9 ______
5 ______

Name:

1 ______ 6 ______
2 ______ 7 ______
3 ______ 8 ______
4 ______ 9 ______
5 ______

Name:

1 ______ 6 ______
2 ______ 7 ______
3 ______ 8 ______
4 ______ 9 ______
5 ______

Name:

1 ______ 6 ______
2 ______ 7 ______
3 ______ 8 ______
4 ______ 9 ______
5 ______

Name:

1 ______ 6 ______
2 ______ 7 ______
3 ______ 8 ______
4 ______ 9 ______
5 ______

Name:

1 ______ 6 ______
2 ______ 7 ______
3 ______ 8 ______
4 ______ 9 ______
5 ______

Name:

1 ______ 6 ______
2 ______ 7 ______
3 ______ 8 ______
4 ______ 9 ______
5 ______

Name:

1 ______ 6 ______
2 ______ 7 ______
3 ______ 8 ______
4 ______ 9 ______
5 ______

Name:

1 ______ 6 ______
2 ______ 7 ______
3 ______ 8 ______
4 ______ 9 ______
5 ______

Name:

1 ______ 6 ______
2 ______ 7 ______
3 ______ 8 ______
4 ______ 9 ______
5 ______

Name:

1 ______ 6 ______
2 ______ 7 ______
3 ______ 8 ______
4 ______ 9 ______
5 ______

Name:

1 ______ 6 ______
2 ______ 7 ______
3 ______ 8 ______
4 ______ 9 ______
5 ______

Name:

1 ____________ 6 ____________

2 ____________ 7 ____________

3 ____________ 8 ____________

4 ____________ 9 ________

5 ____________

Name:

1 ____________ 6 ____________

2 ____________ 7 ____________

3 ____________ 8 ____________

4 ____________ 9 ________

5 ____________

Name:

1 ____________ 6 ____________

2 ____________ 7 ____________

3 ____________ 8 ____________

4 ____________ 9 ________

5 ____________

Name:

1 ____________ 6 ____________

2 ____________ 7 ____________

3 ____________ 8 ____________

4 ____________ 9 ________

5 ____________

Name:

1 ____________ 6 ____________

2 ____________ 7 ____________

3 ____________ 8 ____________

4 ____________ 9 ________

5 ____________

Name:

1 ____________ 6 ____________

2 ____________ 7 ____________

3 ____________ 8 ____________

4 ____________ 9 ________

5 ____________

Name:

1 ____________ 6 ____________

2 ____________ 7 ____________

3 ____________ 8 ____________

4 ____________ 9 ________

5 ____________

Name:

1 ____________ 6 ____________

2 ____________ 7 ____________

3 ____________ 8 ____________

4 ____________ 9 ________

5 ____________

Name:

1 ____________ 6 ____________

2 ____________ 7 ____________

3 ____________ 8 ____________

4 ____________ 9 ________

5 ____________

Name:

1 ____________ 6 ____________

2 ____________ 7 ____________

3 ____________ 8 ____________

4 ____________ 9 ________

5 ____________

Name:

1 ____________ 6 ____________

2 ____________ 7 ____________

3 ____________ 8 ____________

4 ____________ 9 ________

5 ____________

Name:

1 ____________ 6 ____________

2 ____________ 7 ____________

3 ____________ 8 ____________

4 ____________ 9 ________

5 ____________

Name:

1 ____ 6 ____
2 ____ 7 ____
3 ____ 8 ____
4 ____ 9 ____
5 ____

Name:

1 ____ 6 ____
2 ____ 7 ____
3 ____ 8 ____
4 ____ 9 ____
5 ____

Name:

1 ____ 6 ____
2 ____ 7 ____
3 ____ 8 ____
4 ____ 9 ____
5 ____

Name:

1 ____ 6 ____
2 ____ 7 ____
3 ____ 8 ____
4 ____ 9 ____
5 ____

Name:

1 ____ 6 ____
2 ____ 7 ____
3 ____ 8 ____
4 ____ 9 ____
5 ____

Name:

1 ____ 6 ____
2 ____ 7 ____
3 ____ 8 ____
4 ____ 9 ____
5 ____

Name:

1 ____ 6 ____
2 ____ 7 ____
3 ____ 8 ____
4 ____ 9 ____
5 ____

Name:

1 ____ 6 ____
2 ____ 7 ____
3 ____ 8 ____
4 ____ 9 ____
5 ____

Name:

1 ____ 6 ____
2 ____ 7 ____
3 ____ 8 ____
4 ____ 9 ____
5 ____

Name:

1 ____ 6 ____
2 ____ 7 ____
3 ____ 8 ____
4 ____ 9 ____
5 ____

Name:

1 ____ 6 ____
2 ____ 7 ____
3 ____ 8 ____
4 ____ 9 ____
5 ____

Name:

1 ____ 6 ____
2 ____ 7 ____
3 ____ 8 ____
4 ____ 9 ____
5 ____

Name:

1 ______ 6 ______

2 ______ 7 ______

3 ______ 8 ______

4 ______ 9 ______

5 ______

Name:

1 ______ 6 ______

2 ______ 7 ______

3 ______ 8 ______

4 ______ 9 ______

5 ______

Name:

1 ______ 6 ______

2 ______ 7 ______

3 ______ 8 ______

4 ______ 9 ______

5 ______

Name:

1 ______ 6 ______

2 ______ 7 ______

3 ______ 8 ______

4 ______ 9 ______

5 ______

Name:

1 ______ 6 ______

2 ______ 7 ______

3 ______ 8 ______

4 ______ 9 ______

5 ______

Name:

1 ______ 6 ______

2 ______ 7 ______

3 ______ 8 ______

4 ______ 9 ______

5 ______

Name:

1 ______ 6 ______

2 ______ 7 ______

3 ______ 8 ______

4 ______ 9 ______

5 ______

Name:

1 ______ 6 ______

2 ______ 7 ______

3 ______ 8 ______

4 ______ 9 ______

5 ______

Name:

1 ______ 6 ______

2 ______ 7 ______

3 ______ 8 ______

4 ______ 9 ______

5 ______

Name:

1 ______ 6 ______

2 ______ 7 ______

3 ______ 8 ______

4 ______ 9 ______

5 ______

Name:

1 ______ 6 ______

2 ______ 7 ______

3 ______ 8 ______

4 ______ 9 ______

5 ______

Name:

1 ______ 6 ______

2 ______ 7 ______

3 ______ 8 ______

4 ______ 9 ______

5 ______

Name:

1 ____ 6 ____
2 ____ 7 ____
3 ____ 8 ____
4 ____ 9 ____
5 ____

Name:

1 ____ 6 ____
2 ____ 7 ____
3 ____ 8 ____
4 ____ 9 ____
5 ____

Name:

1 ____ 6 ____
2 ____ 7 ____
3 ____ 8 ____
4 ____ 9 ____
5 ____

Name:

1 ____ 6 ____
2 ____ 7 ____
3 ____ 8 ____
4 ____ 9 ____
5 ____

Name:

1 ____ 6 ____
2 ____ 7 ____
3 ____ 8 ____
4 ____ 9 ____
5 ____

Name:

1 ____ 6 ____
2 ____ 7 ____
3 ____ 8 ____
4 ____ 9 ____
5 ____

Name:

1 ____ 6 ____
2 ____ 7 ____
3 ____ 8 ____
4 ____ 9 ____
5 ____

Name:

1 ____ 6 ____
2 ____ 7 ____
3 ____ 8 ____
4 ____ 9 ____
5 ____

Name:

1 ____ 6 ____
2 ____ 7 ____
3 ____ 8 ____
4 ____ 9 ____
5 ____

Name:

1 ____ 6 ____
2 ____ 7 ____
3 ____ 8 ____
4 ____ 9 ____
5 ____

Name:

1 ____ 6 ____
2 ____ 7 ____
3 ____ 8 ____
4 ____ 9 ____
5 ____

Name:

1 ____ 6 ____
2 ____ 7 ____
3 ____ 8 ____
4 ____ 9 ____
5 ____

Name:

1 ________ 6 ________

2 ________ 7 ________

3 ________ 8 ________

4 ________ 9 ________

5 ________

Name:

1 ________ 6 ________

2 ________ 7 ________

3 ________ 8 ________

4 ________ 9 ________

5 ________

Name:

1 ________ 6 ________

2 ________ 7 ________

3 ________ 8 ________

4 ________ 9 ________

5 ________

Name:

1 ________ 6 ________

2 ________ 7 ________

3 ________ 8 ________

4 ________ 9 ________

5 ________

Name:

1 ________ 6 ________

2 ________ 7 ________

3 ________ 8 ________

4 ________ 9 ________

5 ________

Name:

1 ________ 6 ________

2 ________ 7 ________

3 ________ 8 ________

4 ________ 9 ________

5 ________

Name:

1 ________ 6 ________

2 ________ 7 ________

3 ________ 8 ________

4 ________ 9 ________

5 ________

Name:

1 ________ 6 ________

2 ________ 7 ________

3 ________ 8 ________

4 ________ 9 ________

5 ________

Name:

1 ________ 6 ________

2 ________ 7 ________

3 ________ 8 ________

4 ________ 9 ________

5 ________

Name:

1 ________ 6 ________

2 ________ 7 ________

3 ________ 8 ________

4 ________ 9 ________

5 ________

Name:

1 ________ 6 ________

2 ________ 7 ________

3 ________ 8 ________

4 ________ 9 ________

5 ________

Name:

1 ________ 6 ________

2 ________ 7 ________

3 ________ 8 ________

4 ________ 9 ________

5 ________

Name:

1 ________ 6 ________

2 ________ 7 ________

3 ________ 8 ________

4 ________ 9 ________

5 ________

Name:

1 ______ 6 ______
2 ______ 7 ______
3 ______ 8 ______
4 ______ 9 ______
5 ______

Name:

1 ______ 6 ______
2 ______ 7 ______
3 ______ 8 ______
4 ______ 9 ______
5 ______

Name:

1 ______ 6 ______
2 ______ 7 ______
3 ______ 8 ______
4 ______ 9 ______
5 ______

Name:

1 ______ 6 ______
2 ______ 7 ______
3 ______ 8 ______
4 ______ 9 ______
5 ______

Name:

1 ______ 6 ______
2 ______ 7 ______
3 ______ 8 ______
4 ______ 9 ______
5 ______

Name:

1 ______ 6 ______
2 ______ 7 ______
3 ______ 8 ______
4 ______ 9 ______
5 ______

Name:

1 ______ 6 ______
2 ______ 7 ______
3 ______ 8 ______
4 ______ 9 ______
5 ______

Name:

1 ______ 6 ______
2 ______ 7 ______
3 ______ 8 ______
4 ______ 9 ______
5 ______

Name:

1 ______ 6 ______
2 ______ 7 ______
3 ______ 8 ______
4 ______ 9 ______
5 ______

Name:

1 ______ 6 ______
2 ______ 7 ______
3 ______ 8 ______
4 ______ 9 ______
5 ______

Name:

1 ______ 6 ______
2 ______ 7 ______
3 ______ 8 ______
4 ______ 9 ______
5 ______

Name:

1 ______ 6 ______
2 ______ 7 ______
3 ______ 8 ______
4 ______ 9 ______
5 ______

Name:

1 ____________
2 ____________
3 ____________
4 ____________
5 ____________
6 ____________
7 ____________
8 ____________
9 ________

Name:

1 ____________
2 ____________
3 ____________
4 ____________
5 ____________
6 ____________
7 ____________
8 ____________
9 ________

Name:

1 ____________
2 ____________
3 ____________
4 ____________
5 ____________
6 ____________
7 ____________
8 ____________
9 ________

Name:

1 ____________
2 ____________
3 ____________
4 ____________
5 ____________
6 ____________
7 ____________
8 ____________
9 ________

Name:

1 ____________
2 ____________
3 ____________
4 ____________
5 ____________
6 ____________
7 ____________
8 ____________
9 ________

Name:

1 ____________
2 ____________
3 ____________
4 ____________
5 ____________
6 ____________
7 ____________
8 ____________
9 ________

Name:

1 ____________
2 ____________
3 ____________
4 ____________
5 ____________
6 ____________
7 ____________
8 ____________
9 ________

Name:

1 ____________
2 ____________
3 ____________
4 ____________
5 ____________
6 ____________
7 ____________
8 ____________
9 ________

Name:

1 ____________
2 ____________
3 ____________
4 ____________
5 ____________
6 ____________
7 ____________
8 ____________
9 ________

Name:

1 ____________
2 ____________
3 ____________
4 ____________
5 ____________
6 ____________
7 ____________
8 ____________
9 ________

Name:

1 ____________
2 ____________
3 ____________
4 ____________
5 ____________
6 ____________
7 ____________
8 ____________
9 ________

Name:

1 ____________
2 ____________
3 ____________
4 ____________
5 ____________
6 ____________
7 ____________
8 ____________
9 ________

Name:

1 ______ 6 ______

2 ______ 7 ______

3 ______ 8 ______

4 ______ 9 ______

5 ______

Name:

1 ______ 6 ______

2 ______ 7 ______

3 ______ 8 ______

4 ______ 9 ______

5 ______

Name:

1 ______ 6 ______

2 ______ 7 ______

3 ______ 8 ______

4 ______ 9 ______

5 ______

Name:

1 ______ 6 ______

2 ______ 7 ______

3 ______ 8 ______

4 ______ 9 ______

5 ______

Name:

1 ______ 6 ______

2 ______ 7 ______

3 ______ 8 ______

4 ______ 9 ______

5 ______

Name:

1 ______ 6 ______

2 ______ 7 ______

3 ______ 8 ______

4 ______ 9 ______

5 ______

Name:

1 ______ 6 ______

2 ______ 7 ______

3 ______ 8 ______

4 ______ 9 ______

5 ______

Name:

1 ______ 6 ______

2 ______ 7 ______

3 ______ 8 ______

4 ______ 9 ______

5 ______

Name:

1 ______ 6 ______

2 ______ 7 ______

3 ______ 8 ______

4 ______ 9 ______

5 ______

Name:

1 ______ 6 ______

2 ______ 7 ______

3 ______ 8 ______

4 ______ 9 ______

5 ______

Name:

1 ______ 6 ______

2 ______ 7 ______

3 ______ 8 ______

4 ______ 9 ______

5 ______

Name:

1 ______ 6 ______

2 ______ 7 ______

3 ______ 8 ______

4 ______ 9 ______

5 ______

Name:

1 ____________ 6 ____________
2 ____________ 7 ____________
3 ____________ 8 ____________
4 ____________ 9 ________
5 ____________

Name:

1 ____________ 6 ____________
2 ____________ 7 ____________
3 ____________ 8 ____________
4 ____________ 9 ________
5 ____________

Name:

1 ____________ 6 ____________
2 ____________ 7 ____________
3 ____________ 8 ____________
4 ____________ 9 ________
5 ____________

Name:

1 ____________ 6 ____________
2 ____________ 7 ____________
3 ____________ 8 ____________
4 ____________ 9 ________
5 ____________

Name:

1 ____________ 6 ____________
2 ____________ 7 ____________
3 ____________ 8 ____________
4 ____________ 9 ________
5 ____________

Name:

1 ____________ 6 ____________
2 ____________ 7 ____________
3 ____________ 8 ____________
4 ____________ 9 ________
5 ____________

Name:

1 ____________ 6 ____________
2 ____________ 7 ____________
3 ____________ 8 ____________
4 ____________ 9 ________
5 ____________

Name:

1 ____________ 6 ____________
2 ____________ 7 ____________
3 ____________ 8 ____________
4 ____________ 9 ________
5 ____________

Name:

1 ____________ 6 ____________
2 ____________ 7 ____________
3 ____________ 8 ____________
4 ____________ 9 ________
5 ____________

Name:

1 ____________ 6 ____________
2 ____________ 7 ____________
3 ____________ 8 ____________
4 ____________ 9 ________
5 ____________

Name:

1 ____________ 6 ____________
2 ____________ 7 ____________
3 ____________ 8 ____________
4 ____________ 9 ________
5 ____________

Name:

1 ____________ 6 ____________
2 ____________ 7 ____________
3 ____________ 8 ____________
4 ____________ 9 ________
5 ____________

Name:

1 ____________ 6 ____________

2 ____________ 7 ____________

3 ____________ 8 ____________

4 ____________ 9 ________

5 ____________

Name:

1 ____________ 6 ____________

2 ____________ 7 ____________

3 ____________ 8 ____________

4 ____________ 9 ________

5 ____________

Name:

1 ____________ 6 ____________

2 ____________ 7 ____________

3 ____________ 8 ____________

4 ____________ 9 ________

5 ____________

Name:

1 ____________ 6 ____________

2 ____________ 7 ____________

3 ____________ 8 ____________

4 ____________ 9 ________

5 ____________

Name:

1 ____________ 6 ____________

2 ____________ 7 ____________

3 ____________ 8 ____________

4 ____________ 9 ________

5 ____________

Name:

1 ____________ 6 ____________

2 ____________ 7 ____________

3 ____________ 8 ____________

4 ____________ 9 ________

5 ____________

Name:

1 ____________ 6 ____________

2 ____________ 7 ____________

3 ____________ 8 ____________

4 ____________ 9 ________

5 ____________

Name:

1 ____________ 6 ____________

2 ____________ 7 ____________

3 ____________ 8 ____________

4 ____________ 9 ________

5 ____________

Name:

1 ____________ 6 ____________

2 ____________ 7 ____________

3 ____________ 8 ____________

4 ____________ 9 ________

5 ____________

Name:

1 ____________ 6 ____________

2 ____________ 7 ____________

3 ____________ 8 ____________

4 ____________ 9 ________

5 ____________

Name:

1 ____________ 6 ____________

2 ____________ 7 ____________

3 ____________ 8 ____________

4 ____________ 9 ________

5 ____________

Name:

1 ____________ 6 ____________

2 ____________ 7 ____________

3 ____________ 8 ____________

4 ____________ 9 ________

5 ____________

Name:

1 ______ 6 ______

2 ______ 7 ______

3 ______ 8 ______

4 ______ 9 ______

5 ______

Name:

1 ______ 6 ______

2 ______ 7 ______

3 ______ 8 ______

4 ______ 9 ______

5 ______

Name:

1 ______ 6 ______

2 ______ 7 ______

3 ______ 8 ______

4 ______ 9 ______

5 ______

Name:

1 ______ 6 ______

2 ______ 7 ______

3 ______ 8 ______

4 ______ 9 ______

5 ______

Name:

1 ______ 6 ______

2 ______ 7 ______

3 ______ 8 ______

4 ______ 9 ______

5 ______

Name:

1 ______ 6 ______

2 ______ 7 ______

3 ______ 8 ______

4 ______ 9 ______

5 ______

Name:

1 ______ 6 ______

2 ______ 7 ______

3 ______ 8 ______

4 ______ 9 ______

5 ______

Name:

1 ______ 6 ______

2 ______ 7 ______

3 ______ 8 ______

4 ______ 9 ______

5 ______

Name:

1 ______ 6 ______

2 ______ 7 ______

3 ______ 8 ______

4 ______ 9 ______

5 ______

Name:

1 ______ 6 ______

2 ______ 7 ______

3 ______ 8 ______

4 ______ 9 ______

5 ______

Name:

1 ______ 6 ______

2 ______ 7 ______

3 ______ 8 ______

4 ______ 9 ______

5 ______

Name:

1 ______ 6 ______

2 ______ 7 ______

3 ______ 8 ______

4 ______ 9 ______

5 ______

Name:

1 ____________ 6 ____________

2 ____________ 7 ____________

3 ____________ 8 ____________

4 ____________ 9 ________

5 ____________

Name:

1 ____________ 6 ____________

2 ____________ 7 ____________

3 ____________ 8 ____________

4 ____________ 9 ________

5 ____________

Name:

1 ____________ 6 ____________

2 ____________ 7 ____________

3 ____________ 8 ____________

4 ____________ 9 ________

5 ____________

Name:

1 ____________ 6 ____________

2 ____________ 7 ____________

3 ____________ 8 ____________

4 ____________ 9 ________

5 ____________

Name:

1 ____________ 6 ____________

2 ____________ 7 ____________

3 ____________ 8 ____________

4 ____________ 9 ________

5 ____________

Name:

1 ____________ 6 ____________

2 ____________ 7 ____________

3 ____________ 8 ____________

4 ____________ 9 ________

5 ____________

Name:

1 ____________ 6 ____________

2 ____________ 7 ____________

3 ____________ 8 ____________

4 ____________ 9 ________

5 ____________

Name:

1 ____________ 6 ____________

2 ____________ 7 ____________

3 ____________ 8 ____________

4 ____________ 9 ________

5 ____________

Name:

1 ____________ 6 ____________

2 ____________ 7 ____________

3 ____________ 8 ____________

4 ____________ 9 ________

5 ____________

Name:

1 ____________ 6 ____________

2 ____________ 7 ____________

3 ____________ 8 ____________

4 ____________ 9 ________

5 ____________

Name:

1 ____________ 6 ____________

2 ____________ 7 ____________

3 ____________ 8 ____________

4 ____________ 9 ________

5 ____________

Name:

1 ____________ 6 ____________

2 ____________ 7 ____________

3 ____________ 8 ____________

4 ____________ 9 ________

5 ____________

Name:

1 ______ 6 ______

2 ______ 7 ______

3 ______ 8 ______

4 ______ 9 ______

5 ______

Name:

1 ______ 6 ______

2 ______ 7 ______

3 ______ 8 ______

4 ______ 9 ______

5 ______

Name:

1 ______ 6 ______

2 ______ 7 ______

3 ______ 8 ______

4 ______ 9 ______

5 ______

Name:

1 ______ 6 ______

2 ______ 7 ______

3 ______ 8 ______

4 ______ 9 ______

5 ______

Name:

1 ______ 6 ______

2 ______ 7 ______

3 ______ 8 ______

4 ______ 9 ______

5 ______

Name:

1 ______ 6 ______

2 ______ 7 ______

3 ______ 8 ______

4 ______ 9 ______

5 ______

Name:

1 ______ 6 ______

2 ______ 7 ______

3 ______ 8 ______

4 ______ 9 ______

5 ______

Name:

1 ______ 6 ______

2 ______ 7 ______

3 ______ 8 ______

4 ______ 9 ______

5 ______

Name:

1 ______ 6 ______

2 ______ 7 ______

3 ______ 8 ______

4 ______ 9 ______

5 ______

Name:

1 ______ 6 ______

2 ______ 7 ______

3 ______ 8 ______

4 ______ 9 ______

5 ______

Name:

1 ______ 6 ______

2 ______ 7 ______

3 ______ 8 ______

4 ______ 9 ______

5 ______

Name:

1 ______ 6 ______

2 ______ 7 ______

3 ______ 8 ______

4 ______ 9 ______

5 ______

Name:

1
2
3
4
5
6
7
8
9

Name:

1
2
3
4
5
6
7
8
9

Name:

1
2
3
4
5
6
7
8
9

Name:

1
2
3
4
5
6
7
8
9

Name:

1
2
3
4
5
6
7
8
9

Name:

1
2
3
4
5
6
7
8
9

Name:

1
2
3
4
5
6
7
8
9

Name:

1
2
3
4
5
6
7
8
9

Name:

1
2
3
4
5
6
7
8
9

Name:

1
2
3
4
5
6
7
8
9

Name:

1
2
3
4
5
6
7
8
9

Name:

1
2
3
4
5
6
7
8
9

Name:

1 ______ 6 ______

2 ______ 7 ______

3 ______ 8 ______

4 ______ 9 ______

5 ______

Name:

1 ______ 6 ______

2 ______ 7 ______

3 ______ 8 ______

4 ______ 9 ______

5 ______

Name:

1 ______ 6 ______

2 ______ 7 ______

3 ______ 8 ______

4 ______ 9 ______

5 ______

Name:

1 ______ 6 ______

2 ______ 7 ______

3 ______ 8 ______

4 ______ 9 ______

5 ______

Name:

1 ______ 6 ______

2 ______ 7 ______

3 ______ 8 ______

4 ______ 9 ______

5 ______

Name:

1 ______ 6 ______

2 ______ 7 ______

3 ______ 8 ______

4 ______ 9 ______

5 ______

Name:

1 ______ 6 ______

2 ______ 7 ______

3 ______ 8 ______

4 ______ 9 ______

5 ______

Name:

1 ______ 6 ______

2 ______ 7 ______

3 ______ 8 ______

4 ______ 9 ______

5 ______

Name:

1 ______ 6 ______

2 ______ 7 ______

3 ______ 8 ______

4 ______ 9 ______

5 ______

Name:

1 ______ 6 ______

2 ______ 7 ______

3 ______ 8 ______

4 ______ 9 ______

5 ______

Name:

1 ______ 6 ______

2 ______ 7 ______

3 ______ 8 ______

4 ______ 9 ______

5 ______

Name:

1 ______ 6 ______

2 ______ 7 ______

3 ______ 8 ______

4 ______ 9 ______

5 ______

Name:

1 ____________ 6 ____________

2 ____________ 7 ____________

3 ____________ 8 ____________

4 ____________ 9 ________

5 ____________

Name:

1 ____________ 6 ____________

2 ____________ 7 ____________

3 ____________ 8 ____________

4 ____________ 9 ________

5 ____________

Name:

1 ____________ 6 ____________

2 ____________ 7 ____________

3 ____________ 8 ____________

4 ____________ 9 ________

5 ____________

Name:

1 ____________ 6 ____________

2 ____________ 7 ____________

3 ____________ 8 ____________

4 ____________ 9 ________

5 ____________

Name:

1 ____________ 6 ____________

2 ____________ 7 ____________

3 ____________ 8 ____________

4 ____________ 9 ________

5 ____________

Name:

1 ____________ 6 ____________

2 ____________ 7 ____________

3 ____________ 8 ____________

4 ____________ 9 ________

5 ____________

Name:

1 ____________ 6 ____________

2 ____________ 7 ____________

3 ____________ 8 ____________

4 ____________ 9 ________

5 ____________

Name:

1 ____________ 6 ____________

2 ____________ 7 ____________

3 ____________ 8 ____________

4 ____________ 9 ________

5 ____________

Name:

1 ____________ 6 ____________

2 ____________ 7 ____________

3 ____________ 8 ____________

4 ____________ 9 ________

5 ____________

Name:

1 ____________ 6 ____________

2 ____________ 7 ____________

3 ____________ 8 ____________

4 ____________ 9 ________

5 ____________

Name:

1 ____________ 6 ____________

2 ____________ 7 ____________

3 ____________ 8 ____________

4 ____________ 9 ________

5 ____________

Name:

1 ____________ 6 ____________

2 ____________ 7 ____________

3 ____________ 8 ____________

4 ____________ 9 ________

5 ____________

Name:

1 ______ 6 ______
2 ______ 7 ______
3 ______ 8 ______
4 ______ 9 ______
5 ______

Name:

1 ______ 6 ______
2 ______ 7 ______
3 ______ 8 ______
4 ______ 9 ______
5 ______

Name:

1 ______ 6 ______
2 ______ 7 ______
3 ______ 8 ______
4 ______ 9 ______
5 ______

Name:

1 ______ 6 ______
2 ______ 7 ______
3 ______ 8 ______
4 ______ 9 ______
5 ______

Name:

1 ______ 6 ______
2 ______ 7 ______
3 ______ 8 ______
4 ______ 9 ______
5 ______

Name:

1 ______ 6 ______
2 ______ 7 ______
3 ______ 8 ______
4 ______ 9 ______
5 ______

Name:

1 ______ 6 ______
2 ______ 7 ______
3 ______ 8 ______
4 ______ 9 ______
5 ______

Name:

1 ______ 6 ______
2 ______ 7 ______
3 ______ 8 ______
4 ______ 9 ______
5 ______

Name:

1 ______ 6 ______
2 ______ 7 ______
3 ______ 8 ______
4 ______ 9 ______
5 ______

Name:

1 ______ 6 ______
2 ______ 7 ______
3 ______ 8 ______
4 ______ 9 ______
5 ______

Name:

1 ______ 6 ______
2 ______ 7 ______
3 ______ 8 ______
4 ______ 9 ______
5 ______

Name:

1 ______ 6 ______
2 ______ 7 ______
3 ______ 8 ______
4 ______ 9 ______
5 ______

Name:

1 ____________ 6 ____________

2 ____________ 7 ____________

3 ____________ 8 ____________

4 ____________ 9 ________

5 ____________

Name:

1 ____________ 6 ____________

2 ____________ 7 ____________

3 ____________ 8 ____________

4 ____________ 9 ________

5 ____________

Name:

1 ____________ 6 ____________

2 ____________ 7 ____________

3 ____________ 8 ____________

4 ____________ 9 ________

5 ____________

Name:

1 ____________ 6 ____________

2 ____________ 7 ____________

3 ____________ 8 ____________

4 ____________ 9 ________

5 ____________

Name:

1 ____________ 6 ____________

2 ____________ 7 ____________

3 ____________ 8 ____________

4 ____________ 9 ________

5 ____________

Name:

1 ____________ 6 ____________

2 ____________ 7 ____________

3 ____________ 8 ____________

4 ____________ 9 ________

5 ____________

Name:

1 ____________ 6 ____________

2 ____________ 7 ____________

3 ____________ 8 ____________

4 ____________ 9 ________

5 ____________

Name:

1 ____________ 6 ____________

2 ____________ 7 ____________

3 ____________ 8 ____________

4 ____________ 9 ________

5 ____________

Name:

1 ____________ 6 ____________

2 ____________ 7 ____________

3 ____________ 8 ____________

4 ____________ 9 ________

5 ____________

Name:

1 ____________ 6 ____________

2 ____________ 7 ____________

3 ____________ 8 ____________

4 ____________ 9 ________

5 ____________

Name:

1 ____________ 6 ____________

2 ____________ 7 ____________

3 ____________ 8 ____________

4 ____________ 9 ________

5 ____________

Name:

1 ____________ 6 ____________

2 ____________ 7 ____________

3 ____________ 8 ____________

4 ____________ 9 ________

5 ____________

Name:

1 ______ 6 ______

2 ______ 7 ______

3 ______ 8 ______

4 ______ 9 ______

5 ______

Name:

1 ______ 6 ______

2 ______ 7 ______

3 ______ 8 ______

4 ______ 9 ______

5 ______

Name:

1 ______ 6 ______

2 ______ 7 ______

3 ______ 8 ______

4 ______ 9 ______

5 ______

Name:

1 ______ 6 ______

2 ______ 7 ______

3 ______ 8 ______

4 ______ 9 ______

5 ______

Name:

1 ______ 6 ______

2 ______ 7 ______

3 ______ 8 ______

4 ______ 9 ______

5 ______

Name:

1 ______ 6 ______

2 ______ 7 ______

3 ______ 8 ______

4 ______ 9 ______

5 ______

Name:

1 ______ 6 ______

2 ______ 7 ______

3 ______ 8 ______

4 ______ 9 ______

5 ______

Name:

1 ______ 6 ______

2 ______ 7 ______

3 ______ 8 ______

4 ______ 9 ______

5 ______

Name:

1 ______ 6 ______

2 ______ 7 ______

3 ______ 8 ______

4 ______ 9 ______

5 ______

Name:

1 ______ 6 ______

2 ______ 7 ______

3 ______ 8 ______

4 ______ 9 ______

5 ______

Name:

1 ______ 6 ______

2 ______ 7 ______

3 ______ 8 ______

4 ______ 9 ______

5 ______

Name:

1 ______ 6 ______

2 ______ 7 ______

3 ______ 8 ______

4 ______ 9 ______

5 ______

Name:

1 ____________ 6 ____________

2 ____________ 7 ____________

3 ____________ 8 ____________

4 ____________ 9 ________

5 ____________

Name:

1 ____________ 6 ____________

2 ____________ 7 ____________

3 ____________ 8 ____________

4 ____________ 9 ________

5 ____________

Name:

1 ____________ 6 ____________

2 ____________ 7 ____________

3 ____________ 8 ____________

4 ____________ 9 ________

5 ____________

Name:

1 ____________ 6 ____________

2 ____________ 7 ____________

3 ____________ 8 ____________

4 ____________ 9 ________

5 ____________

Name:

1 ____________ 6 ____________

2 ____________ 7 ____________

3 ____________ 8 ____________

4 ____________ 9 ________

5 ____________

Name:

1 ____________ 6 ____________

2 ____________ 7 ____________

3 ____________ 8 ____________

4 ____________ 9 ________

5 ____________

Name:

1 ____________ 6 ____________

2 ____________ 7 ____________

3 ____________ 8 ____________

4 ____________ 9 ________

5 ____________

Name:

1 ____________ 6 ____________

2 ____________ 7 ____________

3 ____________ 8 ____________

4 ____________ 9 ________

5 ____________

Name:

1 ____________ 6 ____________

2 ____________ 7 ____________

3 ____________ 8 ____________

4 ____________ 9 ________

5 ____________

Name:

1 ____________ 6 ____________

2 ____________ 7 ____________

3 ____________ 8 ____________

4 ____________ 9 ________

5 ____________

Name:

1 ____________ 6 ____________

2 ____________ 7 ____________

3 ____________ 8 ____________

4 ____________ 9 ________

5 ____________

Name:

1 ____________ 6 ____________

2 ____________ 7 ____________

3 ____________ 8 ____________

4 ____________ 9 ________

5 ____________

Schätz mal!

Du willst noch mehr?
Dann teste hier unsere Körper Edition!

1 Wie viele Kilogramm wiegt die schwerste Frau der Welt?

2 Wie viel Prozent der Männer wechselt nicht täglich die Unterhose?

3 Wie viele Tonnen Gewicht konnte Velu Rathakrishnan mit den Zähnen ziehen?

4 Wie viel Lebenszeit verbringen Menschen durchschnittlich auf der Toilette?

5 Wie weit fliegen die Tropfen beim Niesen mindestens?

6 Rund wie viel Ohrenschmalz produziert ein Mensch durchschnittlich in seinem Leben?

7 Wie lang ist das längste Brusthaar der Welt?

8 Wie viele Menschen passen in einem Mini Cooper?

9 Wie hoch war die höchste Körpertemperatur, die ein Mensch überlebt hat?

Name								
Punkte								

Noch mehr Schätz mal! - Spaß gibt es hier:

ISBN 978-3-98976-005-9

ISBN 978-3-98976-007-3

ISBN 978-3-98976-001-1

ISBN 978-3-98976-011-0

ISBN 978-3-98976-006-6

ISBN 978-3-98976-012-7

ISBN 978-3-98976-008-0

ISBN 978-3-98976-002-8

ISBN 978-3-98976-004-2

ISBN 978-3-98976-003-5

ISBN 978-3-98976-009-7

ISBN 978-3-98976-010-3

ISBN 978-3-98976-000-4

ISBN 978-3-98976-013-4

ISBN 978-3-98976-014-1

www.schaetz-mal.de